剩下的那部分福音

享受神的整全救赎信息带给你的安息

THE REST OF THE GOSPEL

When the Partial Gospel Has Worn You Out

丹 斯 通
DAN STONE

大卫 格里高利
DAVID GREGORY

剩下的那部分福音 THE REST OF THE GOSPEL

享受神的整全救赎信息带给你的安息 WHEN THE PARTIAL GOSPEL HAS WORN YOU OUT

丹·斯通 DAN STONE
大卫·格里高利 DAVID GREGORY (EDITOR)
杨金汪 WANG YANG JIN (TRANSLATOR)
王月 YUE WANG (TRANSLATOR)

BRENTS
BROTHERS
MEDIA

大卫·格雷戈里里被麦格雷戈文学,俄勒冈州州希尔斯伯勒的公司代表。David Gregory is represented by MacGregor Literary, Inc. of Hillsboro, Oregon.

涵盖:WonKyung Jung。

剩下的那部分福音

THE REST OF THE GOSPEL

版权 © 2015 by Jason Wayne Brents

发布者:Brents Brothers Media

Cheyenne, Wyoming 82001

www.BrentsBrothersMedia.com

原版权 © 2000 by David Gregory Smith

发布者:Harvest House Publishers

Eugene, Oregon 97402

www.harvesthousepublishers.com

ISBN:978-1-937301-02-6

致吾爱妻芭芭拉·斯通

有一天,她问了我一个简单的问题:"丹,如果你可以做任何事,你会选择什么?告诉我出现在你脑中的第一个答案。"

这个问题开启了一段长达十五年的旅程。我们携手在各地分享"基督在你们心里成了有荣耀的盼望"这个好消息。

1993年1月22日,芭芭拉因癌症去世。

——丹·斯通

致我最好的朋友、我最坚实的支柱、神给我的礼物:

艾娃,我的妻子。你是我的神迹,超乎我所求所想。

——大卫·格里高利

前　言

言并非完全陌生,但借着他,圣灵开始重新开启我的心眼,让我看到这个奇妙的真实。神也在无数人的生命中使用了丹,让他们得以更深地经历到"基督在你们心里成了有荣耀的盼望"。

很多年后,我向丹提议由我将他的教导整理成书。他对这个项目给予了慷慨的支持,于是才有了今天这本书。本书从丹的视角出发,以第一人称写作。主要内容均来自丹,但他要求我注明他不拥有这里面任何内容的原创性。特此注明。我负责本书的组织、增补和说明工作——在此期间,我自己不断受到书中内容的祝福。

丹于2005年10月归主。今天神依然继续在成千上万人的生命中使用他的教导,不仅在美国,更通过十多个译本祝福着世界各地的人们。丰收之家出版社(Harvest House Publishers)向更广泛的读者群体发行本书新版的决定令我甚感欣慰。

愿主喜悦使用本书,"叫身体渐渐增长,在爱中建立自己"(《以弗所书》4:16)。愿你尽情畅饮生命活水,那就是基督,"知道这爱是过于人所能测度的,便叫神一切所充满的,充满了你们"(《以弗所书》3:19)。

大卫•格里高利
2013年8月

简　介

我花了二十四年的**时间**去全美各地向人们**传讲**福音的奥秘："基督在你们心里成了有荣耀的盼望"(《**歌罗西书**》1:27)。基督住在我们里面,作为我们并通过我们而活,这是我们能**够经历**到神对我们生命的荣耀旨意的唯一盼望。大卫•格里高利和我写作本书是**为了**帮助你**进入**基督在你生命中的丰盛。

然而"荣耀的盼望"也有另外一面。是的,基督在我们里面是我们**经历**到神荣耀的唯一盼望,但同时它也是神**选择**通过我们来荣耀祂自己的途径。就像霍第凡在《神的**终极心意**》(Ultimate Intention, DeVern　Fromke)中写到的,神**选择**通过住在祂的众儿女中、通过他们活出祂的生命来永恒地彰显祂的荣耀。在本书的开始,我想要**讨论**的不是我们从神那里**领受**的荣耀,而是祂通过我们得到的荣耀。

基督教书籍总会有以人为中心的危险。它们大凡**针对**人类具体的需要或深植于我们心中对与神之间**亲**密关系的普遍诉求。由于以解决人的**问题**为目的,许多基督教书籍、教导和思想就本**质**而言都以人作为出**发**点,而神则被描绘成了人类各种需要的满足者。

如果我们不能以神的视角作为出**发**点,人就会被放在中心的位置。在我们面对神的**话语**时又何尝不是**这样**呢?**阅读**《**创世纪**》的开篇时,我们的注意力往往会立刻转到人类的犯罪堕落上,而且对我们来说圣经的其余部分都是在**讲**神对人类的救赎。当然,**这**都是事实。然而,如此看来,似乎神的**终极目**的就是救赎人类,并且**许多讲道**也是**这样解释**的。结果我们就把焦点放在了自己和自己的需要上。

然而如果从世界**创立**之先,从《**创世纪**》1章1节之前开始去**审视**,我们就会获得另外一个视角。我们会开始问**这**个**问题**:神的目的是什么?找到**这**个**问题**的答案,就好像伽利略或哥白尼**发现**地球并不是宇宙(或者至少不是太阳系)的中心,太阳才是一样。我们不是宇宙的中心;神的儿子才是。

我们很容易把自己当作宇宙中心。虽然不会把它说出口,甚至也不会有意识地**这**么去想,但是我们却活得仿佛神的使命就是**为**我们服**务**一样。**这**类内容在各种"**基督教**"的教导中屡见不**鲜**:神在**这**里就是要祝福你、你本来就**该**富裕、你本来就**该**亨通、你的命定就是要成功、你的命定就是要做头不做尾、神必**须**回应你的信心、如果你做正确的事,神就有**责**任祝福你。**这**一切都意味着什么?你就是宇宙的中心。

然而如果追溯到世界**创立**以先,我们会**发现**神有一个计划——一个在**时间**开始之前就已**酝酿**出的计划。保罗在《以弗所书》一章里再清楚不**过**地将其显明了出来:

愿颂赞归与我们主耶稣基督的父神!祂在基督里曾赐给我们天上各样属灵的福气......(1:3)

祝福我们是神的心意吗？答案是肯定的。祂已经将天上所有可能的福气都赐给了我们：

……就如神从创立世界以前，在基督里拣选了我们……(1:4)

神在创立世界以前就为我们设定了一个目的，祂为了这个目的拣选了我们：

……使我们在祂面前成为圣洁，无有瑕疵。又因爱我们，就按着自己意旨所喜悦的，预定我们藉着耶稣基督得儿子的名分。(1:4-5)

神的计划包括拥有众多在祂眼中圣洁、无有瑕疵的儿女。借着人子在十字架上的顺服，神希望带领许多儿子进到荣耀中去（《希伯来书》2:10）。为什么？保罗继续说到：

又因爱我们，就按着自己意旨所喜悦的，预定我们藉着耶稣基督得儿子的名分，使祂荣耀的恩典得着称赞。这恩典是祂在爱子里所赐给我们的。(1:5-6)

为了确保我们不会错过这一点，保罗在相隔仅六节经文后又重复道：

……叫祂的荣耀，从我们这首先在基督里有盼望的人，可以得着称赞。(1:12)

接着他在此后的两节经文里说：

这圣灵是我们得基业的凭据，直等到神之民被赎，使祂的荣耀得着称赞。(1:14)

我们是为了使祂的荣耀得着称赞而存在。神"随己意行做万事"(1:11)，就是为了达到这个目的。那么到底什么能荣耀神？祂在创世以先就想要达成的目的是什么呢？

这恩典是神用诸般智慧聪明，充充足足赏给我们的，都是照祂自己所预定的美意，叫我们知道祂旨意的奥秘，要照所安排的，在日期满足的时候，使天上地上一切所有的，都在基督里面同归于一。(1:8-10)

神的计划是生养众多儿女，住在他们里面，通过他们活出自己、彰显自己，基督将住在他们里面并且通过他们完全地掌权。我们就是这一计划的协助者——神因着祂的慈爱和恩典让我们成为了祂计划中的一部分。然而我们不是这个计划的中心，基督才是。我们是计划的参与者，是神所爱的参与者，祂珍惜我们、培养我们，就像新郎珍爱他的新娘一样（《以弗所书》5:25-32）。

我们是神的基业。我们倾向于关注自己在基督里的基业是什么，但比这更大的真理是，我们是祂的基业：

（求主）照明你们心中的眼睛，使你们知道祂的恩召有何等指望；祂在圣徒中得的基业有何等丰盛的荣耀。（《以弗所书》1:18）

祂的基业就是让祂的身体（基督的身体）成就祂的旨意。尽管圣经记录了人类的堕落，但这一悲剧丝毫没有延迟或改变神最初的计划。祂的意图一直是拥有一个儿女众多的大家庭，人的堕落并没有改变这个意图。虽然神将我们的救赎融入到了这个计划里，但计划的目的还是一样：我们的存在就是为了使祂的荣耀得着称赞。

《罗马书》11章36节解释了这个令人惊叹的真理：

因为万有都是本于祂，倚靠祂，归于祂。愿荣耀归给祂，直到永远。

本于：一切都来自于神。依靠：通过祂来实现。归于：最终的目的是归给祂——不是祂归给我们，而是我们归给祂。

在《剩下的那部分福音》中我们想要告诉大家，为经历神丰盛生命所需要知道的一切都可以在基督的十字架上找到。我们看到十字架，便知道神为我们做了什么。赞美神，因为这是真的。那是基督替我们完成的工作，但更重要的是，十字架乃是神为祂自己成就的工作。通过十字架，神得到了实现祂使万事都在基督里面同归于一这个永恒计划所需的条件。"基督在你们心里成了有荣耀的盼望"最主要是为了祂的荣耀。基督住在我们里面,通过我们彰显祂的生命。在我们里面的基督要实现祂自己的旨意,与我们的亲密关系是祂旨意中的一部分,但祂的旨意并不仅限于此。祂要实现自己的计划,而我们就是祂借以工作的器皿。我们是令神之作为可被世人看见的彰显,而那终极的目标则是祂自己,为要"叫神在万物之上,为万物之主"(《哥林多前书》15:28)。

这就是为什么天父要"叫神一切所充满的"充满我们的原因。本书写作的目的也正是如此:让我们被神的一切所充满,使祂的荣耀得着称赞。

第一部分

与基督联合

重重大门

❧

大多数人的基督教信仰就像是一张旧铁床：两头绷紧，中间松垮。在这一端，你相信基督是你的救主，你的罪被赦免了。另一端是有一天你将会死去，进入天堂。但中间的部分十分可怜，你被满腹的疑问困扰，一言蔽之就是：耶稣应许的丰盛生命在哪里？

耶稣曾遇到一个有着同样疑惑的人，圣经说他是一个年轻财主。有一天这人来找耶稣，问祂说："夫子，我要做什么才能有永生？"

耶稣说："你知道神的诫命。不可杀人。不可奸淫。不可偷盗。不可做假见证。当孝敬父母。"

那少年人说："这一切我都遵守了。"

我总是说，耶稣显然不是一个浸信会的传道人。如果祂（像我一样）是个浸信会的传道人，就会回答说："你根本不可能全都遵守了。你知道你肯定触犯过这些诫命，至少你肯定曾心怀不轨地看过女人。"

耶稣没有这么说。祂相信了他的话："这一切我都遵守了。"但这人心中挥之不去的真正疑问是："生命在哪里？"

生命在哪里？太多基督徒今天也在问同样的问题。是的，我接受了基督，但和我现在的状态相比，生活中难道不应该还有更多精彩吗？那真正的生命在哪里？耶稣说："引到永生，那门是窄的，路是小的"（《马太福音》7:14）。祂说祂要赐予我们丰盛、令人满足、给人自由、无限美好的生命。尽管有一扇门可以通往这样的生命，可是耶稣说："找着的人也少。"

它存在。它是真的。但很少有人可以找到它。

我发现，在通往生命的道路上有很多道门。这些门是一个从完全外在之人（从身边的人和事上寻找生命）渐渐变成内在之人（从住在我们里面的神那里寻找生命）的进程。这些门对每个人来说都不一样。让我来给大家讲讲我碰到的那几道门吧。

在信主以前，和所有人一样，我的整个生命都是基于外在的。还没有基督时，我们会通过事物或他人来感知生命，依靠这些外物而活。如果没有与生命中的外在事物相联系，我就不知道自己是谁。二十岁出头时，我的身份感完全来自于身边的朋友：我们的穿着打扮、行为举止和活动。

一个周日的早晨，在城里混迹了一整夜之后，我挣扎着跑到教会见一个自己喜欢的女孩。神通过"女性"这个诱饵引我上了钩。当时我仍然还在第一道门外徘徊，这个从外在过渡到内在的旅程还未开始——我还没有靠信心接受耶稣基督作我的救主。

但是那天早上，讲道的那位年轻牧师已经穿过了第一道门。他已经信了基督，而且在传讲"基督为你而死"的好消息。我平生第一次在心底意识到：我和神的关系出了问题，我的罪使我与祂隔绝。

那是从圣灵来的启示。

这个问题的答案是:如果我相信耶稣基督,相信祂的死为我的罪付清了代价,并相信祂已从死里复活,那么神就会赦免我。这听起来像是一笔相当好的交易:信耶稣,得赦免。

在回顾这个事件时我构想有以下这个图画:我仿佛走近一道名叫"救赎"大门,身上穿着各种各样能给我的生命带来意义的外物——我的同龄人、我的活动等。然而,我的这些穿戴——这些外物——没有一件可以让我穿过那道门。它们都无法填满我内在的需要。如果想要穿过这道门,我就必须脱去这些穿戴,因为门很窄,不容我和这些衣物同时通过。我必须停止自己对这些外物的依靠,单单把信心放在基督身上。于是我脱下了这些东西,赤身穿过这道门——因为除了自己之外,我没有什么可以献给神的。

穿过第一道门就像是穿上了一条新的牛仔裤——我的关键部位都被遮住了,罪被赦免了。生平第一次我所拥有的不仅只是外物,我有了一个真正的内在身份:我已得救,我已被赦免。但是对于这个新身份我知道的就只有这么多了。这很好——非常好——但光凭一条牛仔裤不足以遮住全身。罪得赦免是件好事,但是若要找到生命的意义,我还需要更多。我以为自己需要的是更多衣物——其他一些可以让生命变得完整的东西来遮盖自己。

所以我把目光投向了新的外物上,以便添加到我的衣柜里。我在一个浸信会教会接受了主,所以我就穿上了"浸信会信徒"的身份。我开始努力挖掘浸信会的信仰内容:我们坚持什么?如何正确地规范个人生活?这很令人感到新奇、兴奋。得到一个全新的外物着实有趣,就像孩子在圣诞节收到一件新玩具一样。但玩具很快就会被玩腻,不是吗?

我去了一所自己喜欢的浸信会大学,学习神的话语。接着我上了神学院,但那里就不太好玩了。于是我把更多的时间花在了健身房而不是图书馆里。不过在学习上我也投入了足够的精力,保证了顺利毕业。于是我拥有了一个新的外在身份。

"你是谁?"

"我是斯通牧师。"

"你是什么?"

"我是浸信会信徒。"

在这之前,我只有一条新牛仔裤;现在,我的穿戴多了几件。我的新袍子叫做"浸信会信徒"。你也有自己的新袍子,对吧?它或许是你的工作、教会、家庭、活动、成绩——任何你从中寻找生命意义的外在事物。

在这个阶段,我确实有一些内在的真实——就是神给我穿上的牛仔裤。你需要从神而来的启示才能知道耶稣不仅仅是一个凡人,祂是神的儿子,是世界的救主基督。知道自己的罪已被赦免也需要依靠启示。但是我依旧有很多自己希望从中获得更多生命的外物:我的教派、职业和成就,那些就是我给自己找到的新衣服。遗憾的是,知道自己已得救、罪已被赦免就是我唯一知道的内在真实。和大多数基督徒一样,我试图依靠这一点点事实来展开我的基督徒生活。

然而问题是,尽管真实无伪,你罪得赦免的事实并没有告诉你该如何去生活。它仅仅让你知道如果犯罪了,神会赦你。对那真正的生命——神的生命——你依然一无所知,所以生活对你来说依旧源于外在。你问:"我该怎么做?给我一个计划,一个方法,或者一个策略吧。"

就好像耶稣在我们凭信心接受祂的那一天,对我们说:"好啦,你已经得救了。祝你好运。等你死了我们再见!那时会奇妙无比,不过今生今世就要靠你自己了。好好干吧!"

这是多大的一个**挣扎**啊!我竭尽所能地**尝试**了多年,神让我在**这条**路上吃尽了苦头。在**穷途末路**之际,我心想:"我做了所有浸信会信徒**该**做的事,遵守了他们的黄金法则,守住了他们的**诫命**。可是,**现在**那生命在哪里?"

只有枯竭了所有外在**资源**之后,我们才会转向内在——从在外在事物中寻索生命**变成**从住在我们里面的神那里汲取生命。我们让外在的生命去尽情**发挥**,因为它能带来一时的**欢愉**和激情,让我们感到生机勃勃,直到有一天它也无一例外地**沦**为陈规旧习,我们也不得不通过努力表现才能达到要求。最后我们会说:"生命一定不止**这些**。"确实,不止这些。我们被造就是要**进入**内在的生命,若不到达**这**一地步,不去到神要让我们去的地方,我们就永远得不到**满足**。新玩具或**许**可以带来一时的欢愉,但那不会持久。

于是**我们费**力跋涉到了下一道门前,被自己想要活出基督徒生命的努力搞得筋疲力尽。我们乞求**说**:"那生命在哪里啊?"

圣灵告**诉我们**"是的,**还**有更多。"

"它在哪里?"。

"**就在这**里。"

"好的,我要**过去**。"

我们跑向大门,一头撞了**过去**,哪知却被弹回原地——我们不能通过。我们依旧穿着自己的袍子,以及那些自认为可以带来生命的外在事物。此时,这些外袍尽管已是**褴褛**、破烂不堪,但依旧厚得让我们无法穿过大门。穿过这道门的唯一办法就是再次脱去这些外在事物。只要我们依旧将自己的身份和价**值**建立在外物上——无论它们是什么——我们都无法穿过这道新的大门。

抵达第二道门时,我已三十好几,躺在被称为"抑郁"的哀床上。浸信会牧师的外在身份再也无法**给**我带来满足,可我却不知道**该**投奔何方。**躲**在床上的我,关上百叶窗,拉起里层的窗帘,却依然觉得屋子**不够**黑。于是我**缩**进被窝,希望让周遭和内心一样黑暗。**不过**,一些朋友打来**电话**,邀请我去带领一个退修会。对于一个浸信会牧师而言,有一件事是无法拒绝的,那就是讲道的邀请。就算是要背着氧气瓶上台,他也会想方设法把道讲完。于是我说:"我可以去。"参与**这**次退修会的人大都来自我家乡的教会,不过我已经十二年没有**见**过他们了。

那**时**我还在第一道门内,我主要讲的还是救恩:如何接受基督。我讲了很多内容,但真正知道的就只有救恩。

原本该是我去教导这群人,结果通过观察他们的举止,我惊讶地发现是他们在教导我。他们已经和十二年前我离开时截然不同了。神在他们身上的工作已经明显有了**进展**,但在我身上的工作却依旧停在原地。我给妻子芭芭拉打**电话**,告诉她:"我们这些朋友身上发生了些事,他们和以前不一样了。"

我和你一样有一颗追求神的心。如果我们觉得一些东西非常真实,而自己又正好**饥渴难耐**,那么我们就会想得到它。无论我的朋友们拥有的是什么,我都想要得到它。

在那个时刻,我内在**认识**的程度就停留在基督为我而死上。而**这**群朋友的内在认识已经到了基督与我同在并在我里面帮助我的阶段。**这样**的认识已经超出了我的境界,于是我告诉自己:这就是我的下一步,我要抓住它。

那就是我的下一道门,让我脱去更多外物、**经历**更多神内在生命的转折点。可是为了可以顺利通过,我**必须**脱去所有多余的外袍,所有我**为**自己穿上的外包装。我需要脱掉那自以**为能够**为我带来生命的宗派外袍,只穿着我的新牛仔裤,即"我的罪已被赦免"这个神为我穿上的内在事实。就这样我通过了第二道门,它把我带到了所谓的"灵恩更新"里。穿过这道门的过程,就宛如神在牛仔裤外又为你添了件T恤衫,你对神生命的内在认识得到了拓展。我对内在生命的认识超过了第一道门的深度,对在我里面的圣灵也有了更多的了解。

即便如此,我依然觉得还有几处裸露的地方需要遮蔽。于是我故技重施,又拿来一些外在的事物遮盖自己。我跑了一圈,学会了如何作个灵恩派信徒。我甚至开始为自己从前宗派里的那些朋友忧心:那些家伙怎么能忍受那些死气沉沉的教会呢?这可是圈内最激动人心的运动了。生命就在这里。

有一段时间,生命精彩非凡。在赞美敬拜中,我一次次被感动和振奋。然而我把那些快乐的感觉错当成了神的内在喜乐。我寻找一种持久不变的快感,结果在这样的亢奋中度过了半年时间。为了保持住这种状态,我不得不频繁参加聚会。我需要长时间站立,唱很多首歌才会得到感动。每个人都是这样。

然而,如果我们敢于坦诚面对自己,那么就会承认其实我们很多人依旧没有停止寻找。我们的很多活动中依旧包含着外在的事物,却遍寻无果。我们去参加这些聚会是为了得到些什么:我要被祝福,被医治,被释放。每个人都带着巨大的需要而来,然而曲终人散,走出会场的大门后,却发现那些需要依然存在。在心灵深处,我们依旧在问询:"生命在哪里?"

在这个时期,我们参加了一个小型的祷告组,参加的还有一位比我年轻很多的女孩。我爱我的妻子芭芭拉,然而我发现自己开始对这个年轻女子感到了强烈的爱慕之情。于是我困惑了,因为我一直领受到的信息(并不是说我真听过这样的教导)是:"如果你感到亢奋,那就是圣灵。如果你情绪激昂起来了,如果你觉得兴奋不已,如果你感觉特别良好,那就是圣灵的工作。"我对这位年轻女子充满了好感,但我知道这些"好感"不可能来自圣灵。于是我备受煎熬。

不过这一次我没有陷入抑郁,而是感到愤怒。我在追求耶稣的道路上不停奔跑了二十一年,只要听说有生命的地方我都会过去探个究竟。我尽己所能地接纳各家学说,结果摆在我面前的竟是一个无底深渊。事已至此,我递上辞呈,告诉神我不干了。

我努力为耶稣活了整整二十一年。我知道基督为我好,我知道基督与我同在,我也开始经历到了"耶稣在我里面"这个事实。但是,我还没有亲历基督成为我、作为我彰显出祂的生命。我拼命希望基督在我里面帮助我成为一个什么样子,把我塑造成一个什么样的人。结果我穷途末路了。

多年之后,我渐渐意识到自己根本无法成功地活出基督徒的生命,我在这方面是个失败者。还好在一个领域里,我似乎还算成功。芭芭拉总说我是个好丈夫,可作为好丈夫的我竟然对这位年轻女子动了心,实在叫人无法接受。我意识到无论我有多么爱神,只要具备了合适的条件,自己什么坏事都做得出来。即便试图靠自己的力量为神而活,甚至想要靠神的帮助活出敬虔的生命,但最后我却发现在这个世界上自己依然是一个危险分子。是神出于爱让我看清楚,无论怎么努力尝试,自己都无法活出基督徒的生命。

就在这段时间,芭芭拉让我去读一本名叫《赞美中的力量》(Power in Praise)的书。在此之前我已经义正词严地告诉过她:"基督教这个东西就到此为止了。我知道死后自己会去天堂,此外我再也不想和这个虚假的东西有任何瓜葛了。"那是一个春天,我正坐在院子的树下生闷气。当时我在她面前已经完全抬不起头来了,如果读一本书可以让我走出窘境,那何乐而不为呢?

于是我开始拿起这本书,神在书里给了我圣经里的一段话:"凡事谢恩,因为这是神在基督耶稣里向你们所定的旨意"(《帖撒罗尼迦前书》5章18节)。

　　之前,我从不为那些不如意的事谢恩。你会吗?我想,怎么可以为所有事谢恩呢?为好事谢恩才对。然而圣经并不是这么说的。所以尽管我的魂还在和神怄气,心中充斥着各种抱怨,但这些话却成了我的灵和生命。于是我开始说:"感谢你,神。我依旧怒不可遏,但我要顺服。所以,感谢你。我依然气得咬牙切齿,差点把牙釉质磨光;但是,感谢你。我想不通,我也高兴不起来,但是,感谢你。"

　　奇怪的是,我似乎对所发生的事开始有了一些洞见。我看到神需要在我认为自己做得很好的地方治死我,这样祂才可以成就我素常以来的祷告:"我要作一个属你的人。"就像你也可能祷告过:"我要作一个属你的男人。""我要作一个属你的女人。"一样。接着你就会看到神——出于爱——将你自己的好钉在十字架上。当人都说"他沉沦了"的时候,神看到的只是一件祂正在打磨的器皿。

　　这些洞见最终让我能够对刚刚进入的第二道门说:"这确实很棒,我在这里学会了很多东西,但是我还没有找到最终的答案。对我而言肯定不止这些。那生命在哪里?"

　　在这个时候,圣灵对我说的话可以归结为:"丹,前面还有更多,但是你必须先脱去你的外物。"

　　"还要脱吗?主啊,这次我的外物又是什么呢?"

　　"你必须脱去灵恩派的外物。如果你想要得到我,就不能有任何外在事物。"

　　于是我又一次脱掉了这些外袍。我发现,当时候到了,你会心甘情愿地丢弃需要放下的一切,仿佛它们只是几件破旧肮脏的衣物。于是我站在那里,身上仅穿着神向我启示的属灵真实:我的牛仔裤和T恤。凭着它们我顺利穿过了下一道门,那就是:基督在你们心里成了有荣耀的盼望。

　　一位姊妹邀请芭芭拉去听诺曼•格拉布(Norman Grubb)的讲道。聚会结束后芭芭拉问他:"您可以到我家和我丈夫谈一谈吗?他需要听一听您的这些话。"

　　几个月后诺曼来了,在我们家的客厅里和到场的一小群人分享。他说的第一件事是:"你活不出基督徒的生命。"

　　我心想,阿门。在这一点上我就是个活见证。你不能活出基督徒的生命。

　　接着他说:"基督才是那生命。"

　　唉,这我知道。我的头脑里有这方面的知识。

　　但是,最后他说:"基督就在你里面,祂会活出那生命。"

　　我灵的里立刻有了反应:哦,哇!不是"祂会帮助我活出那生命",而是"祂会活出这生命"。这就是福音啊!我可以让祂活出那生命。

　　过去二十一年里,我一直在依靠自己,如今我已经彻底信服自己无法活出圣经所描述的基督徒的生命。现在我意识到:基督可以。我要让祂在我里面活出这个生命。这是从圣灵而来的启示。

　　在接下来的几天里,神让这个内在启示变得更加丰富。祂把祂的衣物穿在了我的身上。我有太多裸露的地方,此前我一直想用外在事物来遮盖它们,但神现在将祂整个衣橱都穿戴在了我的身上。其实,它们从一开始就在我身上,只是我不知道而已。

　　我第一次明白,祂早已让我在基督里成为了神的义(《哥林多后书》5:21),我真的是公义的。祂已经让我成为圣洁(《歌罗西书》3:12),使我完全(《歌罗西书》2:10)。在祂眼中我无可指摘(《歌罗西书》1:22)。我是被爱、被接受的。

　　主让我看到,当我和基督同钉十字架时——正如《加拉太书》2章20节在很久以前就已告诉我的那样——我已经对自己死了,不再将自己作为出发点。祂现活活在我里面,成为了我的出发点,祂通过我并且作为我活出祂的生命。祂是否已向你启示了这一点?如果还没有,那么祂想要这样做,因为这才是那真正的好消息。

　一生中我们只有两个基本的问题:如何使我的罪得赦免?和,我要怎样活出祂的生命?我们可能已经知道了如何让自己的罪得赦免,但大部分人都还没有探索出应该怎样活出祂的生命。你做不到,这是你首先需要学习的功课。祂可以。而且,祂会这么做的。祂会在我们里面并且作为我们活出祂的生命。

　不过,你还是需要放下那些自己试图从中汲取生命的外物,穿过这几道大门。

　当你最终穿过最后那道门时,就仿佛旧约中的祭司进入了圣殿的至圣所一样——在那里和他在一起的只有神。其余的一切都是外在的,那里只有他和神。

　接受基督之后,在你的意识中会有少许内在的生命,但外物却是很多。在穿过更多大门之后,你的内在生命就会有所增长,不过外物依然存在。直到最后,神把你带到了你的至圣所里,让你活在你的灵里面。到这时,你就成了一个内在的人,不再仰仗外物。

　当你进入了内在生命中的这个"认识"以后,就不会有任何外物能够影响到你的自我认识了,因为你的身份和生命都源于神。过去,当我和人们分享时,芭芭拉总要提醒:"跟他们讲讲我的大门吧。"有一天,她发现自己也有一个外物,那就是我。她是丹的妻子,我是她的满足、她的丰富、她的身份。一天晚上,她不得不走到户外,搭着毯子躺在星光下和神交涉。祂说:"你的生命中有一个偶像,那就是你的丈夫。"从那天起,我不再是芭芭拉的寄托。

　我们每个人都有自己的外袍需要脱去。有些人的袍子叫孩子,另一些人则是职业、财物、瘾行,或者一个精心维护的形象。不少基督徒都有一件叫做"事工"的外袍。神必须在祭坛上治死任何一个对你的身份有发言权的外在事物,好让祂自己成为你的全部。当你看到这一点时,你就会为它感谢神。

　你不得不因此而向神感恩,因为祂做这些事都是因为爱我们,要驱使我们回到祂面前。祂对我们说:"如果你想要,你可以得到它。如果你想要那个外物,就去追求吧。我知道你会把它放下的。我不会阻止你把它拾起来抚摸、观赏、把玩一段时间,最后再把它放下。接着你又会拾起和放下另一件东西,如此反复。有一天你会走到最后的那道门前,走进那圣洁之地,在那里与我会面。你之前不是没有遇见过我,但这一次你见到的只有我,从此你就找了问题的答案。"

　"良善的夫子,生命在哪里?"

　"嗯,你有过宗教的虔诚。"

　"是的,主啊,我曾虔诚信奉过一个宗派。"

　"嗯,你试过其他的宗教途径。"

　"是的,主啊,我尝试过灵恩运动。"

　"另外你也追求过成功。"

　"是的,主啊,这些我都做过,可是那生命在哪里呢?"

　等你完全准备好了,耶稣就会向你低语,告诉你那不是新闻、却是真正好消息的真理:"我就是生命,迎接我进入你里面就可以得到生命。我将作为你活出这个生命,正如父作为我将祂的生命彰显出来一样。"

　就这样,在旷野里的那二十一年变成了祝福。失去的工作、忤逆的孩子、失败的婚姻都揭示出祝福。在经历了这些痛苦的礼物之后,你会向神献上感恩,因为当你历经沧桑以后得到了一件至宝:祂自己。你走到了这条路的终点——祂在你里面,你在祂里面。你找到了这颗无价的珍珠,再无他处可去了。

　　那生命在哪里?"引到永生,那门是窄的,路是小的。"诚愿本书成为你的明灯,照亮最终那道门,为你指明通往神的道路。唯有祂才是真正的生命。

分界线

在 我的一生中,神多次通过妻子芭芭拉对我说话。有一天,她问我:"如果你想做什么都可以,那你会选择什么?告诉我出现在你脑中的第一个答案。"

我说:"我会离开现在的工作,然后去告诉浸信会信徒——我们的手足——他们在基督里的身份。因为他们不知道。"这个表述比较笼统,但事实通常如此:大多数基督徒都不知道自己在基督里的身份。

她的回答是:"好,我们就这么做吧。"

这是神的作为。

就这样我辞掉了工作,开始在全国各地通过小型聚会分享神在我们生命中已经成就的事实。我总是从被我称为"分界线"的概念开始讲述,因为它可以简明扼要地解释清楚一个重要真理。本书中很多内容都基于从《哥林多后书》4章18节衍生出来的这个简单教学工具:

......原来我们不是顾念所见的,乃是顾念所不见的,因为所见的是暂时的,所不见的是永远的。

这节经文蕴含着两个真理:关于可见和暂时(或短暂)事物的真理以及关于不可见和永恒事物的真理。我用一条分界线将它们分开。上方是不可见和永恒的事物,下方是可见和暂时(或短暂)的事物。

永 恒

不可见

———————————————————

可见

暂 时

当然,在现实生活中这条分界线并不存在,这两个世界是共存的:不可见和永恒在可见和暂时之中运行。作为信徒,我们的特权就是在这可见、暂时的世界中活出不可见、永恒的生命。不过,因为我们习惯了概念性思维,所以通过一条分界线将这两个真实区别开来有助于更好地进行理解。

《哥林多后书》4章18节表明,分界线上方的世界是不可见和永恒的。它不会改变,也没有时间的限制。这是属灵的世界,是神绝对真理的国度,是终极的现实,是自有永有、完整全备的世界。在其中一切都已完成、立定,可以用现在这个词来阐释。这是那位自有永有之神的世界,那里的事物只是单纯地存在着。

　　分界线下方的世界是可见而短暂的,我们称之为自然界,使徒保罗将其称为"现世"。这是被造和表象的世界:有开始,也有终结;有过去、现在和未来;有出生、生活和死亡;有播种、成长和收割。这里充满活动、发展和缺乏,我们常说的"我希望在基督里成长"就属于这个范畴。在这里,我们既能看到美善,也会经历邪恶。那不可见、永恒的是"我是"的世界,这个可见、暂时的则是"我在成为"的世界。

	"我是"	终极现实
灵	**永　恒**	不会改变
完整	不可见	没有时间
完全		

	可见	改变中
在过程中	**暂　时**	表象
缺乏	"我在成为"	
物质	基于时间	

　　表象我们在这里探讨的不是希腊哲学的二元论或者诺斯替主义,即灵魂的世界是纯洁、唯一重要的,物质的世界则是污秽、无足轻重或者甚至是虚幻的。对神而言,这两个世界都极其重要,因为两者都是祂创造的。可见、暂时的世界是一个真实、重要的世界,我们就生活在其中。我们只是认同保罗的言论,承认存在两个不同的世界,而且一个比另一个更加伟大。我们要把注意力放在永恒的世界上。

　　很多圣经经文都阐明了这两个世界的区别。当摩西询问神的名字时,神回答:"我是自有永有的"(或作:"我是"《出埃及记》3:14)。祂让摩西告诉希伯来人,差派他的乃是那位"我是"。神的名字本身就表明了祂永不改变、不受时间限制、永恒、现在时的品性。耶稣在提到祂自己时也使用了同样的词语:"我实实在在地告诉你们:'还没有亚伯拉罕就有了我'"(《约翰福音》8:58)。《希伯来书》的作者说:"耶稣基督,昨日、今日、一直到永远是一样的"(13:8)。神是不可见、永恒、没有时间、永不改变的那一位。

　　然而,那位"我是"在神预定的时间来到了分界线以下,进入了祂创造的这个可见、暂时的世界中。"道成了肉身,住在我们中间"(《约翰福音》1:14)。这位不改变、在时间以外的神,变成了一位可见、暂时的人。

　　作为一个人,耶稣经历了我们在分界线下方会经历的一切。祂拥有了过去、现在和未来,也经历了成长:先是作为孩童的成长(《路加福音》2:40),之后是作为成人的成长(《希伯来书》5:8)。和所有人一样,祂有各种需要。

　　和耶稣一样,我们这些神的孩子同时生活在分界线以上和以下的世界里。对此的最好解释是《希伯来书》10章14节:"因为祂一次献祭,便叫那得以成圣的人永远完全。"

　　神已让我们这些在基督里的人得以完全。在祂里面我们已经完美了(《歌罗西书》2:10),我们是袖的义（《哥林多后书》5:21），我们已经圣洁、没有瑕疵、无可指摘（《歌罗西书》1:22）。这些真理在分界线以上那个不可见的永恒世界里、在神的国度中、在我们的灵里已经是事实。我们是新造的人，是从神生的儿女，而这些是关乎我们身份永恒不变的真理（《约翰福音》3:3-6）。

但是在分界线以下这个可见、暂时的世界里，我们依然处在一个成圣的过程中。我们有需要，会有情感的波动，会有行为的改变，会经历到成长。

这两个世界之间的区别对我们而言至关重要，原因有三：第一，在有限的世界里，神设计让袖的国度依靠信心运行。神本可以将永恒放置在可见的世界里，这样袖永恒的国度就可以被肉眼所见。可是，如果袖真这样做了，那么信心就成了多余。一切事物一旦和它的表象一致，信心也就没有存在的必要了。

然而整个宇宙的运行都要依靠信心，特别是我们，更是需要凭借信心来行事为人。我们有特权可以透过可见和暂时看到那不可见、永恒的世界。借着神的灵，我们可以从神的视角分辨出在周围这个可见、短暂的世界里究竟在发生什么。

耶稣在世的生命就是如此。袖可以看到周围可见、暂时的世界，然而当那人伸出枯干的手时，耶稣并没有将眼见的现象视为终极的事实。当人们把五饼二鱼带到耶稣面前时，袖没有将此时的缺乏视为终极的事实。当人们把袖带到那个过世的女孩身边时，袖没有将死亡视为终极的事实。

每一次，耶稣的视野都超越了外在的表象，看到了天父正在做的事。袖活在另一个世界里。而袖也邀请你我这样去做。

第二，这个区别非常重要，因为它可以让我们明白自己在基督里真正的身份。分界线以下一切的失败、罪愆、缺点都在不断地挑战着作为信徒的我们。除非明白自己在灵里真正、永恒的身份（重生时神赋予我们的那个身份）位于分界线以上，否则我们就会习惯性地从分界线下方或好或坏的表现中获取自己的身份感。我们会去关注如何规范自己的行为，努力拥有良好的表现，好让自己可以被神接纳。

这就是几乎所有基督徒的生命境况：努力地成为一个自己本来就是的人。在神的经济学里，在可见的世界里我们之所以可以"成为"，是因为在那不可见的世界里我们已经"是"了。当我们认识到并安息在那不可见、永恒的世界中时，神就会将其显明在可见的世界中。"因为袖一次献祭，便叫那得以成圣的人永远完全。"在那不可见、永恒的世界里，神已经使我们完全；在可见、暂时的世界里，神正在将这"完全"或"完满"带到我们眼前。

这就是为什么我们可以说自己已经完全、是新造之人，但同时在可见、暂时的世界里却经历到一个渐进过程的原因。从神的视角来看，在那不可见、永恒的世界里，我们已经是件完工的作品。但在可见、暂时的世界里，袖还在持续地将这个真理深植在我们里面，并按照袖的形象来塑造我们。

第三，这两个世界的区别之所以重要，是因为神的设计是让我们只有在那不可见、永恒的世界里才能找到满足。虽然这个可见、暂时的世界可以带给我们许多从神而来的快乐，但其中没有一样可以给予我们最终的满足。这就是为什么耶稣说："我就是生命的粮，到我这里来的，必定不饿；信我的，永远不渴"（《约翰福音》6:35）。在这条分界线下方的事物，无论多么美好、感人、真实，都无法与生命相提并论。我们只有在分界线的上方，在神里面，才能找到真正的生命。袖就是那生命。

神创造我们时在我们里面设计了一个只有袖才可以满足的缺口，法国哲学家帕斯卡称之为"在我们心中的神形真空"。或者如奥古斯丁所说："我们的灵魂焦躁不安，直到在你里面找到安歇。"人总是在不停地寻找，对不可见、永恒的世界愈不了解，我们就会愈发努力地在可见、暂时的世界里寻找答案。我们试图在暂时的事物中找到永恒的答案,结果却发现它们根本不是自己想要的。

　　假若试图在一个并非终极的世界里——一个支离破碎、残缺不全的世界里找到终极的答案,那么我们注定是要失败的。最后我们会去敬拜那些被造之物,而非那造物之主。作为信徒的我们也会犯这个错误。一切答案是一个有位格的神——耶稣基督。神的设计之一就是让我们在这暂时的世界中无法得到满足,好迫使我们去到祂那里寻求生命。

　　靠信心而活的生命、我们真正的身份、我们一生的满足都建立在那个不可见、永恒的世界之上,但问题是,我们无法看到这个世界或者通过经验主义的考证来了解它。此时此刻,神那不可见、永恒的国度就在我们里面,然而只有通过神的启示我们才可以明白这个国度的奥秘:

　　只有神藉着圣灵向我们显明……我们所领受的,并不是世上的灵,乃是从神而来的灵,叫我们能知道神开恩赐给我们的事。(《哥林多前书》2:10、12)

　　我们需要完全依赖圣灵作我们的老师,因为圣灵向我们启示的深度,决定了我们活在那不可见、永恒世界中的程度。对神国度那不可见、永恒世界的理解有多缺乏,我们被桎梏在这个可见、暂时世界里的程度就有多严重。

　　神通过启示的方式向我们显明属于祂的境域中那些永恒、不可见的属灵真实。祂进入我们的意识层面,向我们启示那些在表象世界中无法辨析的永恒真理。而我们的回应是:"哦,我明白了!"

　　在那一瞬间,启示与我们的信心完成了对接,而当启示和信心相调和时,就会产生出一个内在的认识。这在我们身上是一个渐进发生的过程。

　　一开始我们获得的启示之一是耶稣基督是神的儿子,是世界的救主。自然(未得救)的人不认识这一点,即便重复不断地听到过,他也不可能有这样的认识。因为只有圣灵才可以将关于耶稣基督的事实启示给他(《哥林多前书》2:14)。

　　一旦我们信了基督,接下来的一个启示就是"我们的罪已得赦免"这个不可见、永恒的真理。在可见、暂时的世界中,没有任何事物可以告诉我们这一点,是圣灵将它启示出来。正如我在本书的第一章中所说,我在这个启示阶段生活了二十一年。然而神会继续将不可见、永恒的世界启示给我们,扩展我们的属灵认识。

　　作为信徒,你我都生活在分界线以下,可我们却不是真正属于界线下方的一群人,我们是神国的子民。但我们生活在一个充斥着短暂表象的世界里,与神在不可见、永恒世界里所见到的完全不同。属灵的成长就是一个不断用永恒真实代替短暂表象并依据它而活的过程。

　　正如你所知,那内在的生命——圣灵的生命——是一个你会不由自主活出来的生命。一般而言,虽然会有暂时的偏离,但我们活出的生命总会与我们的信仰相匹配,这是人无法逃避的。除了把我们所信的活出来之外,我们别无选择。所以,一旦认识了那不可见、永恒的世界,我们就会将它活出来。这时,可见、暂时世界对我们的影响就会变得越来越小,对我们的辖制也会被削弱。

　　例如,保罗在《罗马书》6章中告诉我们,我们已经对罪死了,并且已被释放。这是一个不可见、永恒的真理(接下来我会对此做进一步的解释)。罪在我们身上已经没有任何权柄。然而,如果我们不知道这个真理,罪就会依然在我们身上掌权。这是因为我们落入了陷阱,试图获得一个自己已经拥有的状态:从罪中得自由。

　　除非那不可见、永恒的世界在每日的经历中成为我们的家园,否则我们就无法品味到那丰盛的生命。在此之前,我们都会按着表象而活。而表象永远无法让我们更深地进入到神的生命里,只有信心可以做到。

神想把我们带到这样一个境地,让我们说:"我要按照神对我生命中的境况、他人和我自己的定见而活。"这样我们就可以见祂所见,发现环境并非它们看上去的样子,神的绝对真实正在表象世界中运行。我们会安息在那不可见、永恒的世界中,并且在内心经历到祂的丰盛。

　　在信徒的每日生活中,我们应当从那不可见、永恒的世界里得到的最重要认识是:我们已与神联合,与祂合而为一。这话听起来像是个异端的理论,但它就是圣经的原话:

　　但与主联合的,便与主成为一灵。(《哥林多前书》6:17)

　　神已经永远地将自己与你的灵联合,你的灵和祂已是一体,二者作为一个整体运作。当我们开始明白并活出这个真理时,顷刻间所有新约中的应许就不再是海市蜃楼,而会变成每日的真实。我们明白不再有隔绝——"神在那上面,我们在这下面"的隔阂已经不复存在了。我们不再为更加接近神而精疲力竭,不再问:"我怎样才能触碰到祂?给我个课程、计划或者方法吧。"相反,我们会活出那本来就已定立的真实,活在联合中——神和你已是一灵。在这个可见、暂时的世界里,祂作为你来运行,你安息在祂里面。

　　我们每一个相信基督的人都已经在基督里得到了完全(《歌罗西书》2:10),我们已是圣洁(《歌罗西书》3:12),我们已经完全(《希伯来书》10:14),我们是祂的义(《哥林多后书》5:21),没有必要画蛇添足了。当领悟到这一点时,我们就会将它活出来,而神也会把在那不可见、永恒世界中早已立定的真实变成一个可见、暂时世界中的实际经历。

　　在第三章中,我们将看到神在那不可见、永恒的世界中做了什么,不单使我们与祂的合一成为既定的事实,也使祂的安息变成一个触手可及的真实。

双面十架，第一部分：你已在基督里死去

几年前，我被邀请回到二十多年前我在神学院毕业后牧养的第一家教会讲道。当时是他们教会的两百周年庆典。

在讲道时我对他们说："亲爱的弟兄姐妹，当我在作你们的牧师时，我只给了你们百分之五十的福音。今天我回来是要和你们分享那剩下的百分之五十。因为基督不单为我们的罪死了，而且祂还是那住在我们里面的生命。祂住在我们里面，要活出那个我们无法成为的生命。"

大部分基督徒只知道一半的福音。在我做牧师的头十二年里，我也不例外。在讲道中我持续不断地用"耶稣为了你的罪得赦免而死"牧养会众，一周又一周地重复这个基本信息。而问题是，我的听众都已经得救，他们的罪早已被赦免了。

我唯一可以给他们的另外一个信息就是告诉他们应该做什么，即对诫命的外在顺从。那时我传讲的只不过是另一种形式的律法主义，当然他们也听进去了。他们的心和我一样，想要服侍神，做正确的事。于是我们接受了这些"应当"，并试图把它们做好。

但那时我一直在想：一定还有更多。我们像这样是不会有什么长进的，只不过是在每个周日重复相同的信息。我没有成长，会众也没有成长。我们付出了很多努力，可是在属灵上却没有任何实质的进步。

为什么我们没有进展呢？因为只有一半的福音是不够的。

让我来解释一下我们已知的这一半福音。想象一下，我们回到了大约两千年前的耶路撒冷，听说罗马当局在那一天要实施钉十字架的刑罚。所以，和其他所有人一样，我们跑到外面想看看热闹。我们看到了什么？两个盗贼还有一个被指控是政治煽动分子、凯撒敌人的家伙被挂在十字架上。这是我们在可见、暂时的世界里看到的。

于是我们观望着。到了下午三点左右，中间那个人断气了。身为美国人，我们无法在一件事情上集中精力太长时间，于是我们想："这会儿还有什么可以看的？"

可就在这时，一些奇怪的事发生了。似乎在我们里面有一个声音说："那不是一个政治煽动分子，而是我的儿子。我是天上的父，永生的神。那人是神的儿子，祂为你的罪死了。如果你接受这一点，你的罪就可以被赦免。"

我们听到了，便回应："我愿意接受。神要赦免我的罪。我愿意接受祂的赦免。"

我们所有信基督的人都有过这样的经历。这个经历发生的日期和时间并不重要，重要的是你知道它发生了，以至于你可以说："我知道我的罪已经被赦免。"那是从圣灵来的启示。在这个可见、暂时的世界里，没有任何事物可以告诉你：你的罪已经被赦免了。这是圣灵启示给你的不可见、永

恒的真理。

我将此称为十字架的第一面：基督为你而死。"耶稣为我们的罪死了"（《哥林多前书》15:3）的信息在整本新约中都可以找到：

我们藉着这爱子的血得蒙救赎，过犯得以赦免，乃是照祂丰富的恩典。（《以弗所书》1:7-8）

祂救了我们脱离黑暗的权势，把我们迁到祂爱子的国里，我们在爱子里得蒙救赎，罪过得以赦免。（《歌罗西书》1:13-14）

你们从前在过犯和未受割礼的肉体中死了，神赦免了你们一切过犯，便叫你们与基督一同活过来。（《歌罗西书》2:13）

祂为我们的罪作了赎罪祭。（《约翰福一书》2:2）

你的罪得到了赦免是一件叫人振奋的事。单凭知道自己已经被赦免、在神面前得以称义，就足以让我们感叹神的奇妙恩典，使我们在得救后火热上好几个月。

可是很快，我们就会遇到一个问题。因为从耶稣在耶路撒冷为我们而死的这个事件出发，圣灵只能向我们显明一件事："你的罪已得赦免。"这是这一事件所蕴含的基本真理。然而在被赦免之后，我们必须开始活出这个新的生命。于是我们会问："我怎样才能把这个生命活出来呢？我怎样才能端正我的行为？怎样才能不再犯罪？怎样才能作为一个基督徒去生活呢？"

我们会发现：罪被赦免的事实并没有告诉我们该如何活出神的生命，它只回答了"我要怎样面对我的罪？"的问题。它和如何活出神的生命没有任何关系。但是到目前为止，我们从圣灵得到的内在启示就只有神的赦免，此外没有任何关于如何活出神生命的启示。于是我们牵强地延伸"我们的罪已得赦免"的启示，试图靠它来解决应当如何活出神生命的问题。

相信对此你并不陌生。我们试着活出一个基督徒该有的生命，结果却不尽如人意。我们会犯一些（或着很多）罪，然后在每晚入睡前接受神的赦免，或者干脆等到周日去到教会再说。作为牧师，每个周日我都会带领会众完成这个过程："罪分为肆意妄为的罪和无心放下的罪。这周肯定大家都犯过错，现在让我们乞求神来赦免我们吧。"

这难道不是教会或信徒个人生活的真实写照吗？因为没有获得任何从神而来有关如何活出这生命的启示，所以我们无法走出这个僵局。这样，我们的关注点放在了哪里？在我们自己以及我们的罪上。我们依然在外物中寻找自己，从表现来定位自己。结果就像坐上了一辆过山车——我们的表现时好时坏，而且始终无法达到标准。因此我们过得很不开心，但我们始终会在脸上挂着微笑——一个虚假的微笑。我们上教会，告诉别人："我很好。你好吗？我也很好。"心里却在想，其实我非常苦恼，但今天是礼拜天，在教会里我不能说自己痛苦，因为每个人都很"快乐"。要快乐，要快乐。咖啡在哪里？我需要更多的圣灵，更多的咖啡因。

就是如此。

得救的兴奋褪去之后，你就被困在了这个怪圈里，比迷失时还要悲惨。我不是说它真的比迷失更糟，但它给人的感觉就是如此。因为在迷失不认识主时，你至少还乐在其中。我总是说，想要迷失你其实什么都不用做，只需要起床、穿衣，顺其自然地去生活就够了。我从未读到过一本教人如何迷失的书，因为迷失是人的本性。对于本性里的东西，人总会觉得自在无比。用两条腿走路轻松自在，但如果要你双膝着地、在地上爬上一整天就不那么舒服了，因为爬行并非我们的本性。在迷失时人会感到非常自在，因为那就是我们原本的样子。

迷失地活着，比被拯救后试图单靠"我已得赦免"倾力做一个好基督徒要容易很多。因为那并非全部的福音。那并非全部的福音!它只是对我们救恩的一个片面、不完全的看法。但在获得了一半的福音之后我们往往就回到了肉体里,踏上了自我奋斗的征程,试图依靠自己的力量完成余下的转变。

然而我们无法做到——其实这是神计划中的一步。我们依靠自己的能力试图活出基督徒生命的努力注定以失败告终。这样的生活状态会让我们心灰意冷,带给我们的只有内心的责难。

到最后,很多人都认为基督徒的生命本该这样。我听到有牧师告诉他们的会众,不可能有真正得胜的生活,基督徒的生命不过是一个无休无止、屡战屡败的挣扎。这和耶稣应许的"丰盛生命"相去甚远。

为什么会有这样的差别存在?因为十字架的第一部分只解决了罪行(Sins)的问题,即罪的行动。藉着耶稣在十字架上受死,我们所有的罪行都被赦免了,神将我们曾经和将要对祂犯下的所有罪行都一笔勾销。

然而罪行得到赦免并没有解决罪(Sin)的问题,也就是原罪。圣经说,罪行是住在我们里面的罪的产物(《罗马书》7:17)。

罪是一种叛逆神的力量或势力,它结出的果子就是罪行。我们从亚当继承了罪;从亚当开始,罪就遗传给了此后的所有世代(《罗马书》5:12)。只要罪还处在我们生命的中心,就会有罪行产生。我们的罪行可以被赦免,但这并没有断绝罪行的根源。所以我们就进入了一个怪圈:犯罪,接受赦免;犯罪,接受赦免——周而复始,一成不变。

但是通过读圣经,我们看到有一天罪将不再纠缠我们,不再驱使我们去做那些自己本不愿意做的事。我们看到神应许的丰盛生命应该是怎样的,并且知道我们已经战胜了罪。但是由于没有在此时此刻经历到神的这些应许,于是我们便总结说,必须发生一个事件才能使应许成真。这个事件就是:我们必须死。

我们告诉自己,一旦肉体死亡,我们便会进入那不可见、永恒的世界里,那时就可以得到所期盼的一切。所以我们把神的一切应许都推延到了未来的永恒里,并说:"在我生命结束以前,这些挣扎都不会停息。等我死了,我就会进入那个不可见、永恒的世界,那时一切都会是美好的。"

然而有一天,在研读这些应许时我发现它们中没有一个是运用在未来的;所有这些应许都应该运用在我们当下的生命中。"神的应许不论有多少,在基督都是是的"(《哥林多后书》1:20)。不是将会是是的。都是(现在时)的。神没有让我把它们纳入到祂神圣的永恒中,祂的意图是要让丹·斯通现在就经历到它们。

在一件事上我是对的:此前我认为让自己经历到这些应许的唯一途径就是我必须死去,我若死了,就可以最终从自我里解脱出来。这是绝对的真理,我们都只有在死后才可以进入那些不可见、永恒的真实里。所以我总说:"是的,你是得死,但真正的问题在于你是什么时候死的?"我发现我的死其实比自己认为的要早很多。在那不可见、永恒的世界里,我一直在等待的这件事其实已经发生了。

让我们一起回到两千年前的那幅画面中,站在耶路撒冷城外,在一个钉十架的刑场围观。此前圣灵告诉我们,中间的那个犯人是神的儿子,祂为我们的罪而死,使我们可以获得赦免。然而现在这个画面改变了,忽然间我们从地面被提起来,进入到基督的身体里。我们不再是这个事件的旁观者,而是和祂一起参与到了其中——我们和祂一起被钉了十字架。当祂死去的时候,我们也与祂一同死了。这就是保罗在《罗马书》6章中向我们解释的:

岂不知我们这受洗归入耶稣基督的人，是受洗归入祂的死吗？所以我们藉着洗礼归入死，和祂一同埋葬，原是叫我们一举一动有新生的样式，像基督藉着父的荣耀从死里复活一样。我们若在祂死的形状上与祂联合，也要在祂复活的形状上与祂联合。因为知道我们的旧人和祂同钉十字架，使罪身灭绝，叫我们不再作罪的奴仆，因为已死的人是脱离罪了。(6:3-7)

从前我误读了这节经文。作为浸信会信徒，每当我见到受洗这个词，脑子里只会联想到一池子水。然而希腊语baptizo的意思和我们理解的受洗并不相同，它的意思只是浸入或者放入。圣经译者没有将它翻译为英文的"immerse（浸入）"，而是把这个希腊词直接吸纳成了一个英文词汇——"Baptizo"变成了"baptize（受洗）"。所以每当有人提到受洗时，我们都会自然联想到水和一个宗教仪式。

然而当我们直接把它译为与之相对应的英文词语时，就能够得到一个更加清晰的释义："岂不知我们这浸入耶稣基督的人，是浸入祂的死吗？"水不见了，保罗说我们被浸入基督里，走进了祂里面。祂把我们吞没了。

"我们这已浸入耶稣基督的人，已浸入了祂的死里。"为什么？因为祂死了。在十字架上，无论耶稣身上发生了什么事，同样的事也发生在了那些已经浸入祂里面的人身上。我们都浸入了祂里面。在十字架上，我们就在祂里面，经历了祂所经历的一切。所以在祂死的时候，我们也死了；当祂复活时，我们也与祂一同复活了。为了强调这一点，保罗说我们曾"与祂同埋葬"。埋葬一个人意味着什么？说明那人已经死了，人的生命已经消逝，曾经的旧人已经死去。

我们所面对的问题是：那与基督同死的是什么？从表面上看，当然不像我已经和祂一起死了。我在这里，住在肯塔基州，活得好好的；耶稣在两千年前死在了耶路撒冷。我怎么可能已与祂一同死了呢？

答案在《罗马书》6章6节："因为知道我们的旧人和祂同钉十字架。"你的旧人——那个从亚当继承、与神断绝、活在罪的权势之下的人，已经与基督同钉十字架。《以弗所书》2章1至3节向我们描述了从那旧人流露出的生命境况：

你们死在过犯罪恶之中，祂叫你们活过来。那时，你们在其中行事为人，随从今世的风俗，顺服空中掌权者的首领【撒旦】，就是现今在悖逆之子心中运行的邪灵。我们从前也都在他们中间，放纵肉体的私欲，随着肉体和心中所喜好的去行，本为可怒之子，和别人一样。

旧人的生命源头必须死去。这个问题不是往上面贴一片创可贴就可以轻松解决的，它必须被除掉，必须被斩断。它就像长在我家旁那块地里的蒲公英，我曾多次把它们砍断，并希望问题就此解决。但蒲公英的根系非常发达，我拔了一棵出来后才发现它们有多长。你必须将其根除，否则它们很快又会卷土重来。同样，神必须把旧人连根斩断，否则他就会继续结出罪的果子。于是神将你和基督同钉了十架。

那旧人就是那被罪盘踞、奴役之人的灵。然而神已将他钉死在十字架上，并给了我们一个新的、用"仁义和圣洁"创造的灵（《以弗所书》4:24）。在基督降生的几百年前，先知以西结就预言了神要在新约中做成这件事：

"我也要赐给你们一个新心，将新灵放在你们里面。又从你们的肉体中除掉石心，赐给你们肉心。我必将我的灵，放在你们里面。"（《以西结书》36:26-27）

神除去了我们旧人之灵，给了我们一个从祂而生的新人之灵，并且把祂的圣灵放在了我们里面。在生命的深处，我们已是完全新造之人。我们曾死在罪孽和过犯中，但现在却不一样了；我们曾是悖逆之子,但现在不是了;我们曾是从前我们属灵之父——撒旦的欲望彰显,然而,现在他已不再是我们的父亲;我们曾是可怒之子,但现在已不再是了。

我们怎么可能在两千年前就与基督同钉了十字架呢?因为我们不是在可见、暂时的世界里肉体被钉十字架,而是在那属灵、不可见、永恒世界里被钉十字架。记得那条分界线吗?在那不可见、永恒的世界里,时间毫无意义;一切都是现在。

这就是为什么说耶稣是那在创世以前被宰杀的羔羊。在这可见、暂时的世界里,祂是两千年前被宰杀的羔羊;而在那不可见、永恒的世界里,祂自始至终都是那被宰杀的羔羊。在可见、暂时的世界里,你我都在肉身里活在当下;但在不可见、永恒的世界里,你我已与基督同钉了十字架。你的旧人——那个从亚当继承而来、向着神死亡并与神隔绝的旧人已经与祂同死。

我之所以说"双面十字",就是因为考虑到十字架这个"我们已与祂同死"的方面。十字架有两面。第一面是血的一面,在那里基督为我们而死,为我们的罪流出宝血。第二面则是身体的一面,我们在十字架上与祂联合,参与了祂的死亡、埋葬和复活。我们的旧人已与祂同钉十架,而我们仁义而圣洁的新人则已与祂一同复活。

血　身体

基督为
我们死

我们与基督
同埋葬、
同复活

对于十字架的这两个方面我们其实并不陌生。每次领圣餐时我们就是在纪念它们——我们吃主的饼,喝主的杯。只不过大多数基督徒都不明白代表基督身体的那块饼所蕴含的真正意义。它代表我们已与基督联合,在祂死的时候我们也死了。当祂被埋葬时,我们也被埋葬了。当祂复活时,我们也一同复活了。保罗神学的要义就建立在主的晚餐——基督的血和身体之上——基督为我们死,我们已与祂同死。

我们没有感觉到自己已经死了——我们看上去活得好好的,行为表现也不像是已死之人。然而到了一定时刻,圣灵会拉开幔子,让我们见到自己最深的部分——我们的灵,我们真正的自己。在那里已经发生过一次死亡,我们已被完全改变了。在接下来很长很长的时间里,尽管我们的样子、感觉、想法还是一样,但我们将意识到:自己已经和从前不同了。

在那不可见、永恒的世界里,我们的灵里已经发生了一次交换。一旦我们意识到了这一点,它就会通过我们生发出一个世界从未见过的生命品质。那就是黑暗中的光,是闪耀在这个自爱世界里的无私之爱。它令人向往,而且,它就在我们里面。

你对什么死了

以前我会不时与一群特别的女士聚会,畅谈我们与基督的联合。聚会一般安排在上午11点30分左右。她们会打开自己棕色的餐袋,一边享用午餐,一边学习圣经。这是一群可以被称为老者的女士:绝大多数都年过八旬。我发现这些八十几岁的小老太太有一个问题,那就是吃完午饭后她们就想会睡上一觉。所以你必须抓紧时间讲话,因为过不了多久她们就昏昏欲睡了。

然而有一次,其中一位老太太竟然没有犯困,而是兴奋异常。我刚到会场,她就冲到我的面前(她和我已有一年没见了)激动地喊着:"我已经死了!我已经死了!我已经死了!"

我注意到,随着年龄的增长,人们往往会放下防备,变得口无遮拦。在此之前,我们都会戴上一个友善的面具。但这些老太太早已过了那个阶段,她们中有人说:"她的这些话我们已经听得不耐烦了。她整天都是这个样子,到处跑来跑去,说:'我已经死了!我已经死了!我已经死了!'"

这件事给了我一个启发。就算活到了八十岁你才发现自己已经在基督里死了,你也会同样兴奋不已。人总喜欢谈论最新的好消息,而她的好消息就是:"我已经死了!我已经死了!"当然,在肉体上她并没有死亡,但在属灵上她已经死了。

之前,她一直在期盼肉体的死亡,以便尽早享受恩主的美好。现在虽然身体依然活着,但她已经进入了一个全新的境界——基督成了她的生命。她明白自己已经死去,而且已经和祂一同复活。

在上一章中我们看到了"双面十字架":不单是耶稣为我们而死(十字架血的一面),而且我们已与祂同死(十字架身体的一面)。我们必须清楚,我们的旧人已经被钉死在十字架上,而这旧人乃是人类绝大多数问题的根源。

我们从亚当继承的那个旧的、未重生之灵的本性就是罪恶。它以神为敌,与神隔绝,并且丧失了人在最初被造时拥有的神的生命。从这个旧人身上发源出的是罪恶、仇恨、与神(以及他人)的隔绝以及死亡。

神若要恢复人类原本被造的目的,这个旧人就必须死去。出于祂的美善,神在基督的十字架上为我们成就了这件事。本章将详细阐释"我们的旧人已死"这个事实能够带给我们的几个好处。不过在此之前,我们必须明确"我们所有人都已与基督同死"这个真理。保罗反复地告诉我们:

原来基督的爱激励我们;因我们想一人既替众人【所有人】死,众人就都死了。(《哥林多后书》5:14)

因为你们已经死了,你们的生命与基督一同藏在神里面。(《歌罗西书》3:3)

我的弟兄们,这样说来,你们借着基督的身体……也是死了。(《罗马书》7:4)

岂不知我们借着洗礼归入【浸入】基督耶稣的人,是受洗归入【浸入】祂的死吗?(《罗马书》6:3)

这真是不可思议，你无法完全靠头脑理解它。一人死时，所有人都死了，因为我们所有人都在祂里面。这不是指着这个可见、暂时的世界说的，因为人类从起初一直延续到了今天。这件事唯一可以发生的地方就是在分界线以上那个没有时间的世界里。那里一切都是现在——被我们视为过去、现在和未来的一切都是现在。

所有人都在基督里死了，这是一个不可见和永恒的真实。正如亚当犯罪后，所有人都犯罪了一样。亚当犯罪时世上还没有其他人，但所有人都已经在他里面了；同样的，在基督死去时我们所有信徒都在基督里面死了。

人很容易说："'所有人'都死了指的是你们所有人，但不包括我。我太了解自己了，我还没有死呢。"

这是一个信徒容易落入的圈套："此话不假，但不包括我。"

但是"所有"就是"所有"。而一个美好的事实就是，无论对我们而言"所有"是否真的是它字面上的意思，对神来说"所有"就是"所有"。

即便我们要等到肉体死亡、回顾人生时才能发现旧我已死，也无法改变我们已死的事实。神知道这一点。祂对我们的看法已经和我们截然不同了。而我们为了那些神根本不见的事，日复一日、一次又一次地把惩罚、罪疚感和定罪加于己身。我并不是说祂瞎了。祂之所以不以那种方式看待我们，是因为我们对祂而言已经不一样了。正因如此，保罗可以这样说：

若有人在基督里，他就是新造的人，旧事已过，都变成新的了。一切都是出于神，祂藉着基督使我们与祂和好，又将劝人与祂和好的职分赐给我们。(《哥林多后书》5:17-18)

这就是福音！从前，我试图凭一己之力除掉旧人，让新人可以到来。这是多大一个陷阱啊！保罗告诉我们，在那不可见、永恒的世界里，"基督死的时候，你就在祂里面，所以你也死了。那旧的灵已死，新的灵已经来到，在基督耶稣里你已是一个新造之人。"

有不少人曾对我说："我知道那是我在基督里的位份，但那并不是我的现状。"我不喜欢这种说法，因为它不仅不符合圣经，而且极具迷惑性。这些人的意思是："我知道你说的是对的，但它不符合我的自身体验。"

我的回答是："记得那条分界线吗？界线以下是暂时的，以上是永恒的——那在上面的才是更大的真实。所以你在基督里的位置才是你真实的境况。在你的灵里，你确实与基督一同死了，也与祂一同复活。你已是圣洁、公义、无可指摘的。这可能永远无法在这可见、暂时的世界中得到证实，但是神说你已死、已被埋葬、已复活，并且已经稳坐天上。你必须问自己一个问题：'我要同意哪一个？是神的话，还是我所见的？'"

你是否可以认同在那不可见、永恒的属灵世界里，自己已经死了？当圣灵把灯点亮时，你会惊呼："哦，现在我看见了！"从此，你就成了一个属神的自由人，可以停止与肉体的搏斗，不再强迫它去做它永远无法做到的事。你可以解放自己，成为住在你里面的耶稣基督的彰显，通过自己特有的人性来成为祂的表达。

当我们的旧人在十架上与基督同死时，我们同时也对一些事物死了。或者换句话说，我们的灵不再与某些事物有任何瓜葛了。这些事物对我们——对我们的灵和我们的真实身份不再有任何影响力，因为我们已经向着它们死了。

首先我们对罪死了。不是罪行——不义之行为，而是罪——生发出那些不义行为的力量。

保罗在《罗马书》5章的最后部分讲到了神丰盛的恩典。不过这位使徒知道，听到他关于恩典的教导后，一些人会自以为获得了放纵的许可。当肉体听到纯净恩典的教导时，它听到的总是放纵的许可。我们的灵会为神的恩典发出赞美，但肉体听到的则是"现在我可以为所欲为了"。所以保罗知道，有些人听到福音后会下结论说："我可以想做什么就做什么，而且不用承担后果。我可以想犯什么罪就犯什么罪，反正在神那里有足够的恩典让我得到赦免。"

没错，这确实是真的。请原谅我把神的恩典延伸到这样一个程度，但这是千真万确的。如果你真是一位重生的基督徒，那么你可以为所欲为，因为神眼中的你绝不是你从前的样子，而是一个在基督里的新人。但对此保罗的回应是："你断不可得出这样的结论。这虽然是真的，但你不能做出这样的结论。"或者用他自己的话说：

这样，怎么说呢？我们可以仍在罪中，叫恩典显多吗？断乎不可！我们在罪上死了的人岂可仍在罪中活着呢？(《罗马书》6:1-2)

紧接着保罗马上讲到我们上一章中讨论过的内容：我们与基督在祂的死、埋葬和复活中的联合。因为我们已与基督同死，所以我们已经对罪死了。它在我们身上已经没有任何权势。

因为知道我们的旧人和祂同钉十字架，使罪身灭绝，叫我们不再作罪的奴仆，因为已死的人是脱离了罪。(《罗马书》6:6-7)

多年前我看到，那些利用神的恩典继续活在罪中的人以及那些对神的全备恩典有所顾忌的人其实并不明白一件事：自己已经对罪死了。他们知道自己的罪行已得赦免，但是却不清楚自己已经对罪死了。我们中间没有任何人在心灵深处——在内在的灵人里——是希望犯罪的。

一次我在阿拉巴马州对七十七个人讲道，我问："你们中面有多少人相信圣经？"七十七个人都举了手。我给他们读了《罗马书》6章7节："因为已死的人是脱离了罪。"我继续问："有多少人相信我刚才读的这句话？"共有三个人举手。"这里我们就有问题了，"我说，"刚才大家都说相信圣经，而我刚才读的就是圣经。"但是他们并不真的相信这节经文。他们还没有一个属灵的看见，不知道自己已死、被埋葬并和基督一同复活。

十架血的一面对付的是罪行：触犯神律法的行为或态度；十架身体的一面对付的是从旧人发源、从亚当继承而来的罪。那旧人就是罪行的发源点。神对于我们困境的解决方案就是亲自变成我们的问题。但问题不是我们的人性，也不是我们的环境——父母、学校、成长的地理位置或者我们所拥有或缺失的事物。我们的问题始终就是一个属灵的问题：罪。耶稣不单指明了我们的问题，祂还化身成了这个问题本身。"神是使那无罪的【耶稣】，替我们成为罪，好叫我们在祂里面成为神的义"(《哥林多后书》5:21)。这副猛药直达病根。耶稣变成了罪，并把我们的旧人和祂连在了一起。于是，我们的旧人与祂一同被处死。而随着旧人的逝去，罪也从我们最深处被根除了——我们对罪死了。

耶稣为我们死，不只是为了让我们得到赦免；通过我们在灵里与祂联合，祂在我们里面做成了一件事：祂完全解决了罪的问题，带走了罪性。正如保罗在《罗马书》6章中所说：那已死的人就是脱离(断绝、解脱)了罪。这是谁说的？神说："是我。如果有一天你达到我的境界，你也会看到这一点。"

但是，如果我已对罪死了，为什么还会被罪引诱呢？为什么在我里面存在一个被罪吸引的牵力呢？保罗的解释在《罗马书》7章23节中可以找到。尽管罪已经从我们的最深处被剔除，但它还残留在我们的身体或(如保罗所说)我们的"肢体"中，所以我们依然可以被住在我们身体中(不是灵里)的罪所牵绊。

正因如此，明白我们的旧人已经与基督同钉十架、我们已经对罪死了至关重要。我们已经脱离了罪,这是一个属灵层面的真理,因为如果按照自己魂里的思想和感觉而活,我们就会体验到罪的诱惑,并误认为那就是真正的自己。我们觉得似乎那想犯罪的乃是真实的自我,于是得出结论:真实的我们一定问题百出。

用神学术语来解释,就是我们感到仿佛自己有两个性情:一个旧的性情(我们的旧人)和一个新的性情(我们在基督里的新造之人)。所有外在的表象似乎都印证了这一点,唯一与之有出入的就是神所说的实情:"因为知道我们的旧人和祂同钉十字架……叫我们不再作罪的奴仆,因为已死的人是脱离了罪。"

十架血的一面将我们标记为已被赦免,十架身体的一面将我们标记为神的义(《哥林多后书》5:21)。你就是神的义。你不仅已被赦免,同时也已成为完美、整全。在那不可见、永恒的世界里,你已是一件成品。

血　身体

基督
为我们

基督
活在我们里面

旧人要通过我们彰显出他的性情:罪;在基督里的新造之人——从神的圣灵而生、公义圣洁的新灵人(《以弗所书》4:24)——要通过我们彰显出基督的性情:公义。当我们学会依据在灵里已经发生的这个事实而活时,就会看到神已在我们里面成就的真实。我们通过死,已经脱离了罪的权势,成为了神的义,并且完全胜过了罪。

所以当我们与基督同钉十字架时,我们首先是对罪死了,第二,我们对律法死了。教会一直在律法的泥沼中痛苦挣扎。从公元一世纪起,教会对律法的误解就已存在。保罗给加拉太人写信正是为了把这个问题解释清楚,然而教会中很大一部分人至今依然一头雾水。

而圣经对这一点说得再清楚不过了。如保罗在《罗马书》6章中说我们已经对罪死了一样,在《罗马书》7章里,他也以同样的方式告诉我们,我们已经对律法死了:

我的弟兄们,这样说来,你们借着基督的身体,在律法上也是死了,叫你们归于别人,就是归于那从死里复活的,叫我们结果子给神……但我们既然在捆绑我们的律法上死了,现今就脱离了律法,

叫我们服侍主,要按着心灵的新样,不按着仪文的旧样。(《罗马书》7:4、6)

我们对之死去的不单是旧约律法中的仪式和社会生活法则;很多人都会教导这一点。保罗在说完我们已经向律法死了之后,很快给我们举了一个直接从十诫中引述的例子:"不可起贪心"(《罗马书》7:7)。

就像我们与罪不再有任何瓜葛一样,我们与律法也已经一刀两断了——这其中还包括了道德上的律法。正如罪不能再辖制我们一样,律法也不能再辖制我们。我们已经对罪死了,也已经对律法死了。

为什么神把我们向着律法钉死呢?因为尽管律法是圣洁、公义、美好的(《罗马书》7:12),但是它在我们生命中的使命已经完成了。律法的作用是揭示罪的存在(《罗马书》3:20),把我们引到基督面前:

因此律法变成了我们蒙训的师傅,带领我们来到基督面前,让我们可以因信称义。但现在既然有了信,我们就不再需要师傅的管辖了。(《加拉太书》3:24-25)

然而人一旦信了主,律法反而会成为神成就祂在我们生命中的旨意的阻拦——即在我们里面并通过我们表达祂的生命。这是因为律法会自然地设立一个标准,而我们也会不由自主地想要通过自我努力来达到这个标准。一旦这样做了,我们就开始从肉体而活,依靠自身的努力,而不是藉由信心、依靠基督在我们里面的生命而活。正因如此,保罗才这样责备加拉太人:

无知的加拉太人哪……你们受了圣灵,是因行律法呢?是因听信福音呢?你们既靠圣灵入门,如今还靠肉身成全吗?你们是这样无知吗?(《加拉太书》3:1-3)

神必须把我们向律法钉死,因为只要我们与律法的婚姻一天不解除(《罗马书》7:1-3),我们就有义务靠自己的力量恪守律法,而这样做的结果只会是失败。对它死了以后,我们便能自由地让基督在我们里面通过我们自然地彰显出祂的生命。不再是自我的努力,而是我们安息在祂里面,让祂来结出祂的义果。(我们将在十三章里进一步探究律法和恩典的话题。)

我们向其死去的第三件事物是自我中心。保罗在《加拉太书》2章20节中见证到:

我已经与基督同钉十字架,现在活着的,不再是我,乃是基督在我里面活着;并且我如今在肉身活着,是因信神的儿子而活,祂是爱我,为我舍己。

倘若人不知道自己已与基督同死,那么他就不可能知道自己与基督的联合,更无法活出这个联合。如果我们认为那个老我依然活着,那么我们的出发点就仍然会是自己——我们依然会试图纠正自己、规范自己,让自己有所作为,或者努力改变自己。只要聚光灯还照在我身上,那住在我里面的基督就不能成为焦点。于是,我成了一个分裂的人:依然活在《罗马书》7章的陷阱中——我想做的我不去做;我不想做的倒去做——对此我实在无法忍受了,你呢?我想逃离这个怪圈。保罗在《罗马书》6章和《哥林多后书》5章中指出,其实我们已经逃离了。

保罗提出一个问题:"我们可以仍在罪中,叫恩典显多吗?"他的回答是:"那些这样活着的人,并不真正明白自己已经在基督里死了。"换句话说,他们的出发点还是没变,依旧是自己。并且他认为自己是败坏的,是想要犯罪的。为此他们因为神取之不竭的恩典而由衷庆幸。对此保罗会这样说:"是的,你可以为自己所做的一切错事、所犯的一切罪行向神支取恩典。但是何必这样活呢?为什么不去支取神的生命呢?"

一位朋友曾对我说:"在真正知道自己已和基督同钉十架之前,我根本无法摆脱自己。因为对我而言,我还活着。"真的是这样。如果不知道自己已死,我们就永远无法摆脱自己,也无法经历到与主的联合。我们对自己而言依旧是个问题,聚光灯还是在我们身上。这就是大多数基督徒的生命光景:"我必须为神结果子。"

除非十字架的全部功效——我们已与基督同死、同复活——对我们而言成为事实,否则我们依旧会试图去做一些神从未要求我们做的事。我们的聚焦点依然是自己,而不是那在我们里面的基督。当神想要通过我们为他人而活时,我们也会错失参与到神荣耀工作中的机会。在看到自己已经向自我中心死去后,我们就能够与神的生命有份。如今在万事上,里面的基督已成了我们的中心。

一旦完全又正确地明白了十字架,我们就拥有了活出基督徒生命所需的一切。一切尽在十架中。在十字架上,神没有遗漏一件让祂从我们里面活出祂生命所必要的事物,一件也没有。

我们必须体验到十字架的这两个方面:基督为我们死(血)以及我们已与祂同死、同复活(身体)。

在下一章中,我们将探讨"与祂同复活"这个部分。在这个阶段,认识到我们已与基督同死是一个重要的基础。在神让你看到那旧我已经死去之前,你将无法认识自己与基督的联合。当你死时,你是向罪、向律法、向自我中心死了。你不再是神工作的绊脚石,你的旧我也不再是需要考虑的因素。

迈入你在基督里真正的身份是一个巨大的胜利,你已拥有了以神的眼光来看待自己的特权。此刻,那位活在你里面的基督就是你唯一的出发点。你和祂已合而为一,祂要通过你活出祂的生命。

的确,我们可以坚持说:"那肯定不是在说我,因为我知道自己没有死。"若是这样,我们就永远无法体会到与基督的联合,也无法体会到基督是我们的生命。我们在理性层面或许可以理解这种死,但在心灵深处却无法亲历到它的真实。

如果"你与基督同死"还没有成为一个你体验到的真实,那么我鼓励你请求天父让它成真:"主啊,我想要知道并亲历到我已与基督同死的事实。请将它启示给我,让它成为我生命中的真实。"

祂必成全你的祷告。

双面十架，第二部分：基督活在你里面

～♾～

一天，我乘车穿过佛蒙特州，窗外的绿叶让翻阅新约的时光分外怡人。主带领我看到《约翰一书》4章15节，它的前半段是："凡认耶稣为神儿子的……"接下来是个逗号，后面说："神就住在他里面，他也住在神里面。"我不由感叹："看，我二十岁出头就已经认识了耶稣基督，可是一直到四十五六才经历到这句经文的后半段。我在那个逗号上足足等了二十五年！"

就好像那张塌陷的铁床一样，我在中间瘫坐了太长时间：有些日子感觉自己身在云端，有些日子又觉得跌到了谷底；有时火热爱神，有时不想理会神；有时想服侍祂，有时不想服侍祂；有时离开了这床，有时又躲在床上。和大部分基督徒一样，我的生活就像过山车：上上下下，上上下下。但是"凡认耶稣为神儿子的，神就住在祂里面，他也住在神里面。"耶稣说："我就是生命。"我意识到，一直以来，那生命就住在我里头，但我却不知道。

在第三章中，我们已经看到十字架其实有两个方面，即血和身体。在血的一面，耶稣基督为我们的罪而死，通过祂的死我们获得了赦免。在十字架的另一面，在那不可见、永恒的世界里，在我们的灵里，我们和耶稣一起经历了死亡，并和祂一同复活。

在第三章和第四章，我们把焦点放在了十字架身体的那一面——死的部分上。我们在十字架上与基督同死，那旧人已经死了，埋葬了。我们已经向罪、律法和自我中心死了。"我们已死"是基督徒生命的根基性真理。

但问题是，如果仅强调与基督同死，我们就会错过神计划要从这个死里复生的新生命。其结果可能导致我们终日站在坟墓前庆祝自己的死亡而不去享受新生。在《罗马书》6章中保罗同时强调了我们与基督同钉十架和一同复活这两个事实。

所以我们藉着洗礼归入死，和祂一同埋葬，原是叫我们一举一动有新生的样式，像基督藉着父的荣耀从死里复活一样。我们若在祂死的形状上与祂联合，也要在祂复活的形状上与祂联合……

这样，你们向罪也当看自己是死的；向神在基督耶稣里，却当看自己是活的。(《罗马书》6:4-5、11)

神让我们的新人从死里复活，并在我们里面生了一个完全不同的、圣洁公义的新灵，好使祂可以将自己与我们的灵联合，并通过我们活出祂的生命。无论我们是否知道，在得救的那一瞬间耶稣基督就已经进入了我们里面与我们合而为一。祂现在就住在我们里面，并通过我们而活。

血　　身体

我们：
被赦

我们：
公义
圣洁
完美
整全

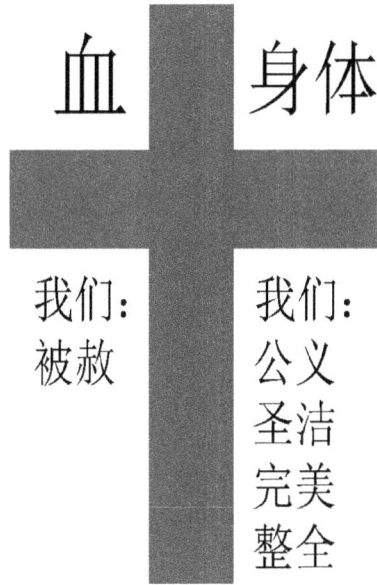

和许多新约真理一样,这个真理在旧约中也早有预示。可以毫不夸张地说,神还为此专门绘制了一张巨幅海报——那就是逾越节。《出埃及记》12章,在神差派死亡天使击杀埃及所有头生子之前,祂告诉希伯来人要从羊群中挑选一只羊羔宰杀了,然后把血涂在他们住地的门框上。死亡天使见到这血就会"越过"这家,留下里面头生的。人要做的就是把血涂在门框上。

逾越节的这个部分预示了十字架宝血的一面。羔羊为屋里的人而死,人们因此逃过了死亡。当血被涂在门框上时,人便躲过了倾倒在这块土地上的神之震怒——他们头生长子都存活了下来。

这和十字架血的这一面之间的联系显而易见。基督为我们而死,祂流出的血成了我们罪的赎价——神公义审判的赎罪祭。当靠着信心将基督的血(祂的死)涂抹在我们生命中时,我们就躲过了神在我们身上的震怒。我们的罪被赦免了。

可是有一天,我在逾越节的故事中又注意到了一点。当以色列民生活在法老的奴役中时,他们在哪个国家?埃及。在他们将血涂在门框上、死亡的天使越过他们、留下了头生长子之后,他们在哪个国家?还在埃及。

我意识到,如果我们的启示知识依然局限在十字架血的一面(基督为我们的罪而死)上,即便我们头生的已经存活下来——我们的罪已被赦免——但实际上我们依旧活在枷锁之中,活在各自生命中"法老"的淫威之下,活在捆绑之中。我们依旧是属肉体的基督徒,企图依靠自我奋斗取得胜利、变得属灵。罪得赦免是件好事,然而一段时间过后,如果我们依旧活在捆绑之下,那么一切因为赦免而来的兴奋之情都将荡然无存。

神对希伯来人所受的奴役有一个解决办法,就是为他们提供养生之物(或者说生命),让他们可以离开埃及。于是祂指示所有家庭,在他们将羔羊的血涂在门框上之后,要将这羊烤了吃掉,为接下来的路程储备能量。这就是十字架身体的那一面。你要将羔羊(基督)摄入体内,让它成为你的生命。神在这里让我们看到,血被涂在门框上的羔羊同时也是那为准备行程而被吃掉的羔羊。也就是说,活出这生命所需的一切都来自于那只羔羊。并不是在羔羊为你死了之后,你就被差派出去自食其力(当然还靠些许神的帮助)完成余下的一切工作。羔羊就是全部的答案。将血献出的羔羊,也为他们献出了生命。他们吃了它的肉,得到了行路所需的养分、力量和生命力。他们靠羔羊的生命活出了自己的生命,依靠它的能量完成了远行。宰杀羔羊有两重原因:为了逾越和行路。

保罗将新约的生命比作一段旅程,而行路需要的供应和生命力从何来?不是我们试图为神行路,尽管从外表看是这样,而是我们把神的羔羊摄入了自己里面。祂不单是我们罪行的赦免,也是我们里头的生命,赋予我们跋涉的力量。

一个十字架满足了两个需要,正如一只羔羊满足了两个需要一样。神说:"把这血涂在你们的门框上。吃这肉,将它摄入你们的身体里,把生命放在你们里头。如若不然,你们就将永远活在被辖制的境地中。摄入了这生命之后,你们就做好了去生活、行路的准备。"

我们可能在跋涉多年之后才发现,自己原来只有对赦免的认识,并没有对生命的认识。在我们里面已经有了生命,可惜自己不知道。我们试着靠自己产生生命,然而这样的尝试注定要失败,因为这本来就是件不可能完成的事。神在对我们说:"我不会与任何人分享我的荣耀。只有我可以活出我的生命,但我要把这生命传递给你,通过你把它活出来。"

这就是为什么活出基督徒生命所需的一切就在于完全地认识神的恩典。十字架的这两个方面已经涵盖了你生命中的一切所需。一切丰盛都在基督里,而祂就在我们里面。保罗写到:

因为我们作仇敌的时候,且借着神儿子的死,得与神和好;既已和好,就更要因祂的生得救了。(《罗马书》5:10)

我们不单凭着基督的死,也凭着基督的复生得以被拯救。这一点不仅在永恒中是真实的,在现世里也是如此。我们被拯救是凭着基督住在我们里头的生命。

在《约翰福音》6章中,耶稣用五个饼和两条鱼喂饱了五千个人。祂刚离开不久人群又追了上来,因为他们想要得到更多。祂对他们说了一段话,其中心意思是:"你们没有看到这个神迹中的神迹。你们只看到可见、暂时世界中饼的倍增,却没有看到那不可见、永恒的神迹。我就是那不可见、永恒的神迹。"耶稣不单是一台制饼机,更是生命的给予者。之后,在《约翰福音》6章中祂说:"我就是生命的粮……你们若不吃人子的肉,不喝人子的血,就没有生命在你们里面。吃我肉喝我血的人就有永生。"在我们里面有永恒生命,那就是神的生命。这生命没有开始也没有终结,并非被造的生命。

耶稣告诉我们:"一个人若要活出这生命,我就是他所需的一切。不是我再加上某个东西——我加上你的祷告生活,我加上你的圣经学习,我加上你的忠心服侍——不是的,因为你永远无法制造出一个可以让我喜悦的生命。我才是那唯一可以让我喜悦的生命。"

只要你从分离而不是联合的角度说事,就没有人会感到被冒犯;只要坚持"我们在这下面,神在那上面,祂偶尔会为我们办些事"人们就相安无事。可是一旦你开始讲说耶稣在你里面、通过你、作为你活出祂的生命时,就会看到不少惊诧质疑的面孔。在《约翰福音》6章里,只要耶稣可以变出饼来,人们就很满意。但当耶稣说祂就是那饼时,人们被冒犯了。"这个人怎能把祂的肉给我们吃呢?"他们问。

耶稣对犹太人说:"你们做了这么多外在的事情,但在里头却没有生命。"生的对立面就是死。如果我们行为为人不是出于生命,那么就是出于死亡了。但它看起来又不太像是死亡,因为我们往往可以见到一些果效。教会的活动可以产生果效,我们个人的活动常常也会收获到成功。在可见、暂时的层面上,我们确实是可以看到一些成效。但耶稣对这样的人说的话是:"你们的奖赏就在这里,你们已经得到了自己的成果。所以你们的奖赏在这里,拿去吧。但它不是属我的,它不是我的生命透过你们流露出来的结果。"

保罗揭示了"基督的生命在我们里面"这一奥秘。他对加拉太人说:"现在活着的不再是我,乃是基督在我里面活着。虽然看起来像我,但你们看到的其实是基督。"他对歌罗西人写道:"基督在你们心里成了有荣耀的盼望。"对腓立比人,他宣告说:"因我活着就是基督。"是谁在活?基督。但如果保罗站在你的面前,你会看到谁的样子?保罗。

保罗在《哥林多后书》5章20节中对此作出了解释:"所以,我们作基督的使者,就好像神藉着我们劝你们一般。"这些基督的使者在劝勉外邦人,但真正在劝勉的是谁?是神。这些话语和行动都是通过保罗发出的,但保罗清楚,他对外邦人的关怀并非源于自己,而是在他里面的神在关怀他们。从表面上看是保罗没错,但其实这是那位住在他里面的基督的作为。

神的生命通过我们活出来究竟是什么样子的?我们最主要的例子可以在四福音书中找到。耶稣说:

"凡劳苦担重担的人,可以到我这里来,我就使你们得安息。……你们当负我的轭,学我的样式,这样,你们心里就必得享安息。因为我的轭是容易的,我的担子是轻省的。"(《马太福音》11:28-30)

我常常思考,祂所说的"学我的样式"是什么意思?在查考了整本《约翰福音》之后,我找到了答案。我看到耶稣曾一次次重复申明:

"我凭自己不做任何事。"

"我只做我看到父做的事。"

"我只说我从父那里听到的话。"

"我做的这些事并非自己的事,它们是住在我里面的父的事。"

当耶稣说"学我的样式"时,祂指就是要学习祂是如何生活的。那祂是如何生活?祂从天父而活,除此之外没有其他的奥秘。作家吉恩▪爱德华兹(Gene Edwards)曾说:耶稣基督从来没有试图要活出基督徒的生命。祂在家里没有圣经可读,也没有祷告小组可以参加。祂所做的全部就是让天父通过祂活出自己生命。祂学会了不依靠这个可见、暂时世界,单单仰赖那不可见、永恒世界中天父的丰盛供应而活。

耶稣实质是说:"天父就是我的生命。"以上的话都证实了这一点。天父在通过耶稣活出祂的生命。我们可以这样来概括耶稣的陈述:"你看到的我其实是作为我而活的天父。"祂和天父是一体的,天父在通过祂、并作为祂而活。这一点耶稣欣然接受,但犹太人却大感愤慨,因为这看似是在亵渎神。

父就是子的生命,而子乃是神众儿女的生命。你如何能活出这个生命呢?要学会从子和父而活。不过,你首先需要清楚子和父住在哪里——就在你里面。这是个不可思议的神迹,无法完全解释清楚,然而它在基督的生平中是显而易见的。

在罪被赦免之后,我的问题总是:"我要如何活出这生命?"我的发现(答案)是:你不用,因为你不能。

多年以来我一直把自己当作出发点,无奈始终无法让自己产出神的生命。我无法从这被造之物(我)中生发出那非被造的(神的生命)。我怎么可能成功呢?然而,只要我还把自己看成生命的源头,我就必须不断努力地尝试下去。直到有一天耶稣在灵里感动我:"我是你的生命,我是那唯一可以让天父悦纳的生命。我不单要赦免你，**还要在你里面活出自己的生命。我要成为你的生命。**"

有一天，我回顾《罗马书》6章。平日里我的注意力一般会从第7节（"因为已死的人是脱离了罪"）跳到第11节（"这样，你们向罪也当看自己是死的；向神在基督耶稣里，却当看自己是活的"），但那天我的注意力被第10节抓住了："祂【耶稣】死是向罪死了，只有一次；祂活是向神活着。"

耶稣所活出的生命乃是向神而活。而耶稣如今在哪里？祂就在我们里面，自然而然地向神活出祂的生命，而且祂仅仅向神而活。我们不需要试着为神而活，也不需要试着活出这个生命，因为祂会在我们里面把它活出来。如果我知道旧我已经死去、不再是绊脚石，那我们就可以**诚然相信**，住在我们里面的那位必会为了神的荣耀而活。耶稣说："我的食物就是遵行差我来者的旨意，做成祂的工"（《约翰福音》4:34）。这位住在我们里面的耶稣的唯一渴望和心愿就是完成天父的旨意。祂住在你我里面，而且**祂必要这样去做**。

归根结底，我们其实只有三个大问题：谁是那生命？那生命在哪里？我是谁？当我们把这些问题解决之后，人生就会**变得简单许多**。

耶稣是那生命。祂住在我里面。我是一个器皿，是承载神生命的容器，在祂眼中我是圣洁、公义、无可**责备**的。我若知道那生命是谁，那生命在何处，就可以解脱，不用再**试图**成为一个自己压根就无法成为的人。顺其自然十分容易，**违背本性**却很困难。如果你**试图违背本性**，靠自己产出那生命，结果会是什么？挫败、愤怒、绝望。最终你会想要放弃。至少我是**这样**的。

我们本不应该**违**背本性而行。但如果我知道自己是谁，知道那生命是谁，也知道那生命位于何**处**，那么我只需要做我自己，**让祂把这生命活出来**。因为无论是谁，都能轻松地做好自己。

可能你现在正处于恍然大悟的边缘，心想："我知道如何活出**这**生命了！我要让**祂**来活。"若是这**样**，我鼓励你把自己看作是已死之人——你的旧我已经死了——这是你可以完全相信的。你当看自己在基督耶稣里向神活着，**祂**就是在你里面向神而活的那一位。你可以相信**祂**每时每刻都在这样做。当依靠信心认定自己已死、不再是自己的出**发**点，不要再看重自己和自己的表现，因为在祂眼中你已是圣洁、无有瑕疵的。在你里面的基督才是你的出**发**点。祂永远丰盛，永远慈爱，永远向天父而活。

能够通过你释放出基督生命的并不是你的努力，而是你的信靠。你只需要说："主啊，是你的圣灵让我看到**这**个真理，我要靠着信心接受它。就好像我曾靠着信心接受耶稣为我而死从而**经历**到罪的赦免一样，**现**在我相信耶稣作为我的生命住在我里面。**请你教导我**，通过圣灵让我确实相信这个真理，这样我就不会再被**试图依靠自己产出**这生命的圈套**辖**制了。"

现在对我们而言，福音不只是**祂**为我们死了，不只是神与我们同在，也不只是神在我们里面帮助我们——尽管这些都是大好的消息。那真正的福音是，**祂住在我们里面**，作**为我们活出祂的生命**。神已将**祂的圣灵与我们的灵联**合。在不可**见**和永恒里，在我们里面住着一位真神。我们不是**这**位真神，而是盛装**祂**的容器。

在我们里面有永生之泉涌流而出。那生命丰盛充足，永不枯竭，永不疲**惫**，永不**变**苦。那生命永远**轻省**，充满怜悯，在其中总有机会从新再来。它承载着神的赦免和饶恕，永远以恩慈待人。

当我们认识到这一点时，忽然间，受撒旦掌控的狂乱生活中的那些应该和必须就被源自神永恒同在的"安静做自己"的神之生命取代。结果，我们的出**发**点就会**发**生戏剧性的转变。撒旦对人类的**诱惑**是："你会成为……"置身于**这**个必须和应该的游戏中时，我们自己站到了聚光灯下，我们的表演占据了舞台的中心。然而今天，我们的出**发**点是那位内住的耶稣基督，**祂**与由必须和应该代表的隔绝没有丝毫关系。祂住在我们里面的圣所中,其中的一切都是**现时**的存在。**祂**邀请我们接受**这**个真**实**,并允许祂从我们里面活出祂的生命。

一 灵

人们都喜欢悬疑和奥秘。在**电影、电视**和**畅销书**中充满了各种各样的悬疑:谋杀、间谍、犯罪、错综复杂的政治——类似的例子**不胜**枚举。生命本身其**实**也有**许多**未解之谜:"为什么我在**这**里?我的生命有什么意义?我要去哪里?"

有些真理**远**非我们理性所能及的,我们无法明白,也无法否认它们的存在。**这**一切也是奥秘。

奥秘之事是**这**个世界无法解**释**的,若非获得启示我们就无法明白。常识或者人的理智永远无法领会灵界的奥秘。我们可以**对它进**行探寻、研究、分析、定**义**,然而**这**并不表示我们已**经**明白或者**经**历到了**这**些奥秘。

耶稣惯用比喻来解**释**奥秘。**祂对**门徒说:"天国的奥秘,只叫你们知道(只**给**了你们),不叫他们知道。"他们会说:"已**经给**我们了**吗?我们怎么不知道?"经**常在耶稣讲完一个比喻之后,他们会问:"告诉我们**这**是什么意思。"

即便不用比喻,耶稣的教**导**听起来往往也深奥**难测**。在《约翰福音》14章中,耶稣告诉门徒:"你们若认识我,也就认识我的父。"

腓力的回应是:"求主将父**显给**我们看,我们就知足了。"耶稣回答说:"我与你们同在**这**样长久,你还不认识我**吗?人**看见了我,就是看见了父;你怎么说,'将父**显给**我们看'呢?"

新约的作者常用分界线下方的例子来解**释**分界线上方的事**实**。特别是约翰,在他的福音书中使用了很多日常的生活**经**历来解**释**属灵的世界。在第3章中,他**记录**了耶稣用肉体的出生来解**释**属灵的出生;在第4章中,他写道耶稣拿物质的敬拜场所与真正的敬拜场所——灵——来**进**行对比;在第6章中,耶稣用倍增的**饼**来解**释祂**自己就是生命的粮。他不断用人可以理解的事物来解**释**那些依然超越理性的事物。

保**罗对**信徒的教**导**聚焦在一个巨大的奥秘上。他**对**哥**罗**西的教会**这**样写道:

这道理就是**历**世**历**代所**隐藏**的奥秘,但如今向**祂**的圣徒**显**明了。神愿意叫他们知道,**这**奥秘在外邦人中有何等丰盛的荣耀,就是基督在你们心里成了有荣耀的盼望。(《歌**罗**西书》1:26-27)

基督在我们里面,**这**是我们可以**经**历到并彰**显**出神荣耀的唯一指望。在另一处**经**文里,保**罗换**了一个方式来**阐释这**个奥秘:

但那与主**联**合的,便与**祂**是一灵。(《哥林多前书》6:17,英文新钦定版翻**译**)

实事上,在希腊原文中与**祂这**两个字并不存在,它们是**译**者为了将意思表述清楚而添加的。所以:

那与主**联**合的就是一灵。

无论男女,一个与主**联**合的属灵生命,就是一灵。**虽然**有两个灵,但他们却是一个;你已和祂合而为一。

我们与神是一灵,作**为**一体来运行。但我们并不是被吸**进**了主里,里面还是有"我"和"祂"的区**别**。然而我们已**经**与**祂**联合,成为一整体。这种合作的方式,就好像是一组啮合在一起的**齿轮**。与神**联**合并不表示我们被神吞并、失去了自己的身份,但也不是**说**我们之间存在天壤的分隔,而是两者为了神的旨意而**协**同合作。

那与主**联**合的便成为一灵,这是一个奥秘。一加一等于一。怎么可能呢?那圣者与人成了一体。

在知道了**这**一点、并从与基督的**联**合里活出来之前,我们将无法完全地彰显出神在我们里面的生命。但即便有我们的阻**拦**,神的生命也会不可避免地时常照耀出来,然而在大部分**时**间里,我们彰显出来的只会是自己人的生命。

在知**晓**这个联合以前,我们会不断面对那个隔**绝**幻象的冲**击**。"神在那上面,我在**这**下面。我要如何接近神啊?**给**我制定一个计划吧。给我介绍一个课程吧。"很多人会不假思索地**给**你提供答案:"多读圣经、祷告、学习、传福音、十一奉献、领圣餐。用**这**个计划。学这个课程。"

然而,一旦**认识**到与主的**联**合,你就没有什么可做的了。哦,你可能依然会做一些外在的事情,但你的目的不是**为**了更接近神,因为你和神已**为**一,彼此之间不再有分隔了。

当你开始从与耶稣基督的**联**合里活出来时,你就超越了"基督加上某物"的谬误,无论它看上去多么**诱**人。那时,你就站在了至高点**处**,不用再去寻索登顶的路径了;你已甩掉了所有陈旧的"你应该这样做"、"你应该那样做"以及"如果你**这**样做,就会有**这**些结果"之类的旧衣,这些东西在某种程度、某个层面上确**实**行之有效,但你已**经**不属于那里了。你已**经进**入了"祂和你已**为**一"的境界,进入了神的安息中。

神的灵与你的灵**联**合:你在祂里面,祂在你里面,祂作**为**你而活,一切生命都由你而出。但你清楚那并非源于你,而是基督在你里面作**为**你而活。你们之间已有了一个**紧**密完美的**联**合。

如果我们知道自己已与基督**联**合,那么就不会活得仿佛与**祂**分隔了一样。我们可能时常会回到从前的境域中徘徊,但那已不再是我们的家园。我们不再活在自我意识里,而是在神里面生活、行动和存在,**让**祂作我们的生命。我们被**祂**的生命拯救,祂就是我们的生命。我们不再**试图**从"可做"、"不可做"的善恶树上汲取生命,而是学会自在地以生命树为家。生命树并不是一种方法**论**、一套原则、教条或者法律。它是一个有位格的存在:耶稣基督。

基督在我们里面活出**祂**的生命,与之相比,我们的老我**显**得滑稽可笑。我们有千百种形状、样式和风格,有形形色色的兴趣和各人的独特之处。**赞**美主,我们不再需要在外貌、行动、言谈上去模仿别人,或者**变**成另一个人,而是可以自由地做自己。人见到的是我们,但我们知道那是耶**稣**基督在通过我们而活。

神曾在我人生最**艰**难的一次肉体苦难中就我与**祂**的联合**对**我说**话**。1994年,我被诊断出结**肠**癌晚期。我说:"主啊,**现**在在**发**生什么呢?这是怎么回事啊?"

接着**祂**开始感动我,我感觉到**祂**的声音在**对**我说:"什么都没有改变,我早就知道你有癌症。唯一改变的是你**发现**了一件我早已知道的事。"按照我医生女婿的**说**法,我得**这**个癌症应该有很长时间了,因**为**它已**经**从结肠转移到了肝脏。

然而神对我还有话说:"一切都没有改变,因为我一直**爱**着你。此刻我依然**爱**你,我也将**继续爱**你。"

接着祂说:"我交给你的每一件事情都不会耽误。"这是我在灵里听到的。

我在医院修养了两天,默想这些事情,并为它们寻求主。不久祂似乎在我里面问了一个问题:"你现在要住在哪里?是住在'我的身体有癌症'里,还是要住在圣灵里?"

"我要住在圣灵里。"我回答。神再一次向我显明了与祂联合的意义。

祂对我说话,在我的灵里感印说:"那与你联合的是谁?"

"是你。"我回答。

"那我是谁?"

"你是自有永有的那一位。在时间开始以前你已经存在,时间终结后仍然有你。"

这是我与主之间的内在对话。当你与祂这样交谈时,你会知道自己在和谁对话,也知道自己听到的是谁的声音。

"是的,那就是我。你已与我联合,不是吗?""是的。"

"也就是说,你也一样没有终结。你是我家里的一员。"

我对自己说,和我联合的就是那一位。癌症改变不了这一点,它也无法影响到真正的我,更改变不了祂在我里面的事实。我的身体可能是有癌症,但我里面有永活的真神。我与祂已成为一体。

和许多分界线上方的真理一样,我们与神的联合在分界线以下也有它的对应物。这一点首先出现在最开始,在《创世纪》2章24节中:

因此,人要离开父母与妻子连合,二人成为一体。

二人要成为一体。《创世纪》4章1到2节中说:亚当与他的妻子同房,生了第一个孩子;之后亚当又与妻子同房,生了第二个孩子(注:"同房"原文作"认识")。神给了人类——男人和女人——生殖和繁衍的权利。除了我主耶稣独一无二的感孕以外(也不把我们现代的生殖科技考虑在内),从古至今我们一直在这样做,每个人都是通过这个自然的过程来到这个世界的。

我使用的是一个大家再熟悉不过的分界线下方的事物来作说明,但请在属灵的层面进行思考。请思想分界线上方的世界:那与主联合的便与主成为一灵。

神给了人类——男人和女人——繁衍生命的任务、使命和特权,男女双方在其中都有各自的功用。这一点十分重要。一个负责撒种,另一个负责彰显。

男性中从未有人彰显过生命,女性中也从未有人播撒过生命。但二者成了一体,都发挥了神赋予各自的功用,由此人类得以繁衍后代。男人与女人联合,便与她成为一体,生命就从这个肉体联合的种子孕育而出。男人播下种子,女人孕育婴孩。

男人与女人联合便与她成为一体;那与主联合的便与主成为一灵。当然,在当今世界,我们对生殖过程的了解远远超过了圣经时代的人们。现在我们知道父母双方对孩子的基因组成各有一半的贡献。不过我在这里要使用的是从前人们对这件事情的理解:男人播撒种子,女人孕育婴孩。

现在,让我们看一看分界线上方。如果那与神联合的就是与主成为一灵,那么提供种子、生命的是谁?就是圣灵。彰显出后裔的是谁?我们。

男同胞们,这一点对我们而言是很难理解的,然而无论我们是职业橄榄球运动员、野牛骑手还是会计师、牧师,在这里都容不下任何男子沙文主义的思维。在分界线以上,我们都是女性,都是表达者、彰显者。在属灵的世界里,我们并不能产生什么,人类(包括男人和女人)所做的只是表达那个生命。是神的圣灵让种子萌发生命。我们产生不了什么,只能彰显那种子。

我们依靠自己产生出来的只有肮脏、褴褛的衣裳——我们自己的工作和努力。你我依靠自身努力所能繁衍出来的只有肉体,但是在这肉体中并没有生命。

保罗在《加拉太书》2章20节中用自己为例,阐释了他在《哥林多前书》6章17节中的陈述("但与主联合的,便是与主成为一灵"):"我已经与基督同钉十字架,现在活着的不再是我,乃是基督在我里面活着。"

他这么说是什么意思呢?我已不再是生命的出发点,也不再是生命的发源点。耶稣基督是我里面唯一的生命源头。

记住,在属灵世界里所有人都是女性。在物质的世界里,如果一个女人想要生孩子,再多的决心、思虑和自我努力都无济于事。为了解释这一点,我曾和一群女孩玩过一个游戏。我说:"让我们坐在这里,决定我们要怀孕,花九个月时间说:'我怀孕了。我怀孕了。我怀孕了。我怀孕了。'过了九个月后,你会怀上什么?什么也没有。什么也没有!"

这说明了一个属灵的真理:肉体没有任何益处,它什么也产生不了。若有人每个周日都站在讲台上,教诲你你应该怎么做,那实质上无异于诅咒你,因为你根本做不到。你试过自己的努力吗?我试过,直到有一天圣灵让我看到:你已经死了,不再是自己的发源点。在你里面的基督才是你的发源点。祂在你里面,要作为你活出祂的生命。

耶稣在世时就是这样活的。祂会这么说:"若没有看到父做,我就不会做任何事。"天父在基督里活出了祂的生命,而那看上去像是耶稣,对吗?人们总是去见耶稣,听祂讲道,找祂医治。而除了彰显神,耶稣不会做任何事。祂彰显的是父在祂里面的生命。

在这个问题上我虽然不是权威,但此类事件在我身边已经重复发生过三次了。女士们,当你们怀孕时,你可以不把它表现出来吗?在我家里不行,同样你也不能。这说明了一个属灵的真理。

在怀头一胎时,你第一次感觉到小生命的活动,于是叫丈夫来把手放在你的肚子上,你俩都感觉到了小生命的存在。你们还没有看到,但已感觉到、经历到了。等到时间满足,你就会生下第一个孩子。之后是第二个,第三个。因为你有了生命的种子。

这是个奥秘:基督在你们心里成了有荣耀的盼望。你已经领受了祂的生命,你无法——你不可能——不把它彰显出来。我们穷尽一生去盘算自己的失败劣迹,神却把时间花在我们好的一面上,祂看到的都是我们彰显了祂的时刻。

那在往昔年岁中向历世历代隐藏、如今却向我们显明的奥秘是:基督在你里面。不是你的生命,而是祂的生命。不是你制造出祂的生命,而是你要通过信心相信祂会通过你并作为你而活,从而表达出祂的生命。

第二部分

魂和灵

秋 千

大约在信主二十年后,我遇到了一场危机,这段经历已经在第一章提到。我爱神,但那件事的发生让我意识到,只要具备了合适条件,我就可以干出任何坏事,和从前迷失时并无二致。那段短暂的情感经历使我看到了自己的堕落。虽然没有做出任何见不得人的事,但是神允许撒旦显明了我里面的一个潜在可能,结果让我无比汗颜。我发现自己之所以陷入窘境,是因为不清楚魂和灵的区别。

当时,我属于一个偏重感觉的团体。我追求良好的感觉,并且也达到了目的,一度维持了六个月的亢奋状态。轻度狂躁性抑郁的性格让我觉得,好家伙,我现在已经脱离忽上忽下的状态了。那个倒霉家伙被我甩在了身后,我已经达到了平流层,一切都是那么美好。我终于步入正轨了,周围都是美好的感觉和正面的能量。

接着我开始对另外一个女人产生了好感,甚至萌生了爱意。这引起了我的重视。若任凭感觉自由发展,就会酿成一件愚蠢至极的错事——犯下亵渎婚姻和神的大罪。尽管享受这个感觉,但我也有足够的道德约束,知道它是错的。于是我进退维谷:一方面想去追求美好的感觉,另一方面却知道这个好感是极其错误的。

于是我迁怒于神,一气之下向祂提交了辞呈。

此后不久,就如我在前面提到的,芭芭拉要求我读一本名叫《赞美中的力量》的书,在里面我读到了那节经文:"凡事谢恩,因为这是神在基督耶稣里向你们所定的旨意"(《帖撒罗尼迦前书》5章18节)。于是,我放下了自己的感受,开始感谢神,接着很快就有了一些洞见。在情感层面,我在对神怄气,(当时我并没有在意,也没有真正明白)但是在属灵世界里,我让这节经文进到了心里,成为了我的生命力。

就这样,我发现自己里面原来可以同时身处两地:一方面,我对神愤愤不平;另一方面,我里面的一部分仍在倾听并回应神。我想知道在自己里面同时发生的这两件事情之间有什么区别,因为我看到了从情感而活可能造成的恶劣后果。

有人指导我去看《希伯来书》4章,从第9节开始:

这样看来,必另有一安息日的安息,为神的子民存留。因为那进入安息的,乃是歇了自己的工,正如神歇了祂的工一样。所以,我们务必竭力进入那安息,免得有人学那不信从的样子跌倒了。(4:9-11)

原来我一直都待在我自己的工作中,依然活在"为神做好事"的自我努力里。我以为,自己终于进入正轨了。你做这个、这个和这个,神就会一直祝福你,给你那些美好、温暖的感觉。

但是我并不认识自己与基督的联合。进入神的安息后,你就停止了自己的工作,正如神停了祂的工作一样。我渴望进入祂的安息。接着我读到：

神的道是活泼的，是有功效的，比一切两刃的剑更快，甚至魂与灵……

那时圣灵没有通过这段文字对我说话，因为我还不能理解。

……骨节与骨髓，都能刺入、剖开……

祂也没有通过这些文字对我说话。我不是医生，所以不明白骨节与骨髓之间的区别。

……连心中的思念和主意都能辨明。（《希伯来书》4:12）

等一下，我对自己说。当圣灵通过这段经文对我说话时，我的灵注意到了。我恍然大悟：哦，我明白了。心中的思念和主意原来是不一样的。在你里面，一个部分——你的思想和情感——可能有一种经历，而另一个部分——在属灵的境域里——却可能正处在另一种状态中。

这样的事在我身上连续发生了两次。第一次，我的情感在朝一个方向走，但在心里面我知道这是不对的。第二次，我的魂在和神怄气，然而我的灵却在倾听祂的声音，对祂做出回应。

人心里的思念和主意是有区别的。作为一个信徒，我知道我心里的主意是固定不变、始终向着神的。即便生活像一辆忽上忽下的过山车，我心里的主意自始至终都会向着神。然而我的思想和情感可能会背离自己心中的主意。这是我在意识中第一次经历到了灵的真实，在某种程度上这次经历改变了我的生命。

在花了很多年倾听、探讨人们的问题和生命中的高峰低谷后，我得到了一个这样的结论：很少有基督徒知道魂与灵之间的区别。我们把自己的情感和思想错当成了那个真正的自己——我们里面最深的那个人，我们的灵。而问题在于，对大多数人而言，思想和情感的声音总要比心里的主意喧闹许多。我们尚未经历到神用祂活泼的话语将我们的魂与灵分开。圣灵放入我们心里的神活泼的话语是锋利的，就像一把利剑，可以分割魂与灵，把它们明显地区别开来。

人不单由情感和思想（或者魂）组成，因为我们是属灵的生命体。神是我们灵的父亲（《约翰福音》3:6和《希伯来书》12:9），我们已与祂成为一灵（《哥林多前书》6:17），我们的灵已与祂联合。然而这个灵的联合是如此静寂，没有任何喧哗，不像思想和情感一样会在我们里面掀起惊涛骇浪。若不知道灵的特性，魂里的嚷闹就会使我们迷惑茫然。让我们以为，那就是真正的我，这些思想和情感就是真正的我。

这就是为什么我们开始相信自己有两个性情的原因。我们发现自己里面存在着让我们不喜欢的想法或情绪，于是就下结论说，真正的自己依然是败坏的。每天从早到晚我会不时地有那样的想法和情绪出现。你不是这样的吗？我们的想法和情绪随时都可能大起大落，于是我们开始与自己不喜欢的想法和情绪争斗，试图制服它们。但我们越是努力，它们似乎就会把我们缠得越牢固。

要经历到与基督的联合，圣灵必须将两个真理启示给我们。首先，在基督里我们已经死了：我们已经向罪、律法和自我中心死了。

其次，我们必须明白魂和灵之间区别，并要知道如何应对个的区别。这两个真理若没有建立在属灵的意识中，我们就无法真正活出与基督的联合。撒旦会不断告诉我们："你的旧我并没有真正死去，这些思想和情感就是那真正的你。你难道不为自己有这些见不得人的想法和情绪感到耻辱吗？"

多年前，我在佛罗里达圣彼得斯堡牧养教会。一次，有一个飓风向我们逼近，来自肯塔基州的我们一家人之前从来没有遇到过飓风，于是我们开着收音机随时关注最新消息。气象人员播报说："这次的大风会非常猛烈，所以大家一定要找一个安全、坚固的地方避难。但是，在短时的寂静期间,请千万不要离开庇护所,因为在这段寂静后将迎来飓风后半部分的冲击。"如果在寂静期里有人说"已经结束了"然后走到户外,那么他的下一个着陆点可能就会是俄亥俄州。可见"不要离开庇护所"是个相当好的建议。

飓风非常清楚地解释了灵与魂之间的区别。飓风之眼是极为死寂的,然而真正懂它的人都知道,它的生命和能力就藏在这个风眼中。吵闹和喧嚣发生在哪里?它们都发生在外面,在我们的魂里。灵是稳定、合一、安静的,而魂里则是此起彼伏的躁动。它不停地制造出各种声音,酝酿出各样情绪,而我们就处在这风口浪尖上。我们经历到的生命就是这样。在魂的层面,我们有忽上忽下的情感和思念,各种活动都在这里轮番登场。如果不清楚真正的自己到底是谁,不知道我们是属灵的生命体,我们的灵已与神合而为一,那么我们就会被魂里的活动牵制住。

人们往往会用以下途径来解释人的各个组成部分:

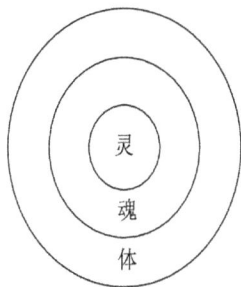

这三个部分构成了完整的我们。我们是灵、魂和身体。但在这三者中哪一个最重要?灵。我们的灵是我们从上头而生的部分(《约翰福音》3章)。可以说,它就是真正的我们,是我们最深的身份。魂可以改变,灵则固定不变。

我们可以用一个摆动的秋千或钟摆来解释灵和魂的关系。在秋千顶部绳子被固定的地方就是我们的灵。它是秋千和其固定点连接的地方,那里安全稳固。它可能稍微会有些移动,但与秋千的动作相比,它可以说是纹丝不动的。这就是那寂静之地,你完全不会去注意它。就像孩子不会去注意秋千的固定点,只会一屁股坐到椅子上开始摇荡一样。

永　恒

信徒的灵　　　圣灵

"败坏"　　　　"美好"

魂

体

暂　时

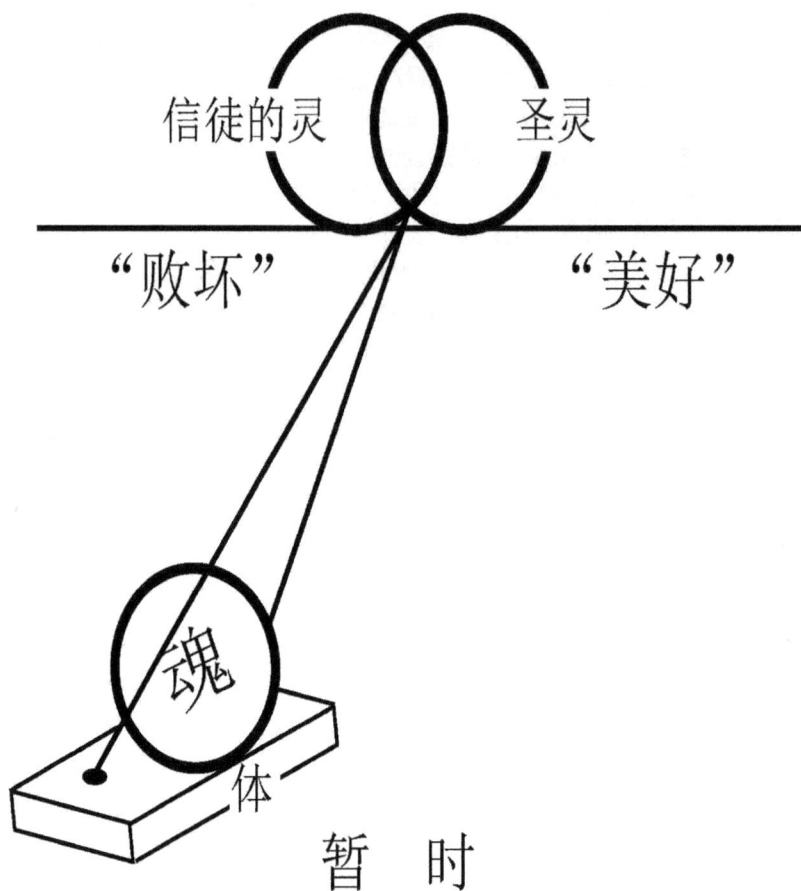

正如秋千的顶部被固定在一个**稳固**的基础上一样,我们的灵也与那永远的**锚**——主自己——**连**在了一起。我们的灵很少**发**出声音或被**撼动**,它固定、安静、稳固,**处**于安息的状态。它存在于一个不可见、永恒的世界里,那里的一切都是**现时**的存在。它不改**变**,也没有**变数**。我们与神的**联合**并非时好时坏。

一般而言,我们不会特别关注自己的灵,就好像不会去在意秋千的顶部一样。值得注意的是,在面对神——我们生命之**锚**时,我们也可能做出同**样**的举动。我不是说我们对祂满不在乎,而是说我们永远可以依靠祂。因**为**祂是那稳固的锚,祂不会放开我们,也不会弃我们不顾。我们是属祂的,是祂的产业,祂也甘心乐意将自己的生命赐给了我们。

秋千底部的座位代表魂和体,其中包含我们的思想、情感、五种感官和身体的其他方面。当然,身体完全存在于可见、暂时的世界中。但人们很容易忽视一点，即魂也是在这个世界中运行的。和属灵的世界不同，魂并非不变、稳固的。每分每秒，一旦有新的想法和情感出现，它就会随之变化。任何在祂与你的灵联合以外的事物都属于自然的范畴，位于属灵的真实以外。

秋千的用途是什么？摇荡。把一个孩子放在秋千上，却告诉他："你不能荡。你不应该荡哦"是行不通的。他会去摆动它，因为这就是秋千存在的目的。既然这样，那么不摇荡秋千就等于没有实现它正确的功用，因为造它的目的就是要它摇荡。

问题是，当秋千开始摇摆时，我们会感到十分厌烦。魂总在我们喜欢和不喜欢的思想和情绪间来回摆动，这让我们很不乐意。如果不认识灵的存在，那在我们里面摇摆不定的魂就将是我们知道的全部。大多数人都不认识神的安息和祂全备的恩典，也不懂得如何活在与祂的联合中，所以我们试图止住摇摆，因为魂里的动荡使我们感到很不自在，并且似乎神也希望我们把它止住。我们以为，基督徒的成熟就表现在对这个秋千的控制上。于是我们把它揪起，固定在我们认为是属神的那一边。

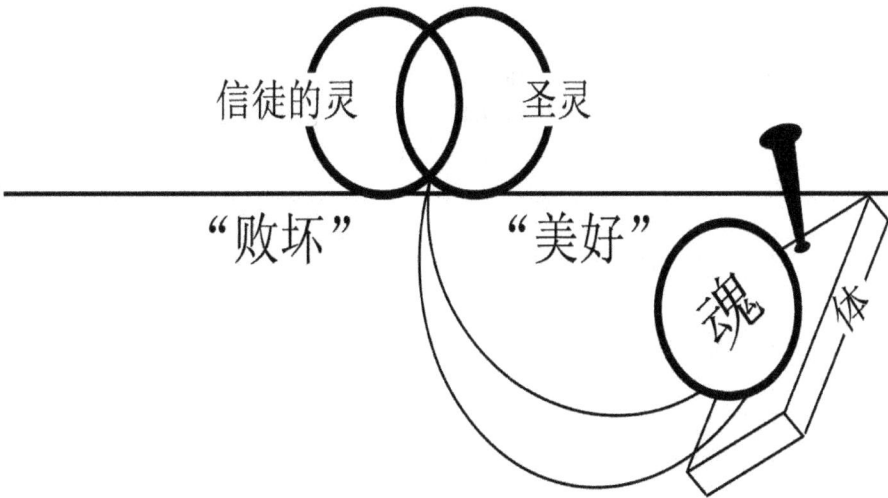

但是我们试图将其固定住的地方并不是真正属神的——那并不是基督生命的涌流之处，因为它的源头不在分界线上方，不是我们的灵与神之灵的联合。诚然，那里很美好。美好可能属神，但我认为的美好并不一定全都属神。

从另一个角度来看，实质上我们依然在吃分辨善恶树而不是生命树(也就是耶稣)的果子。只不过我们试图只吃那棵树上美善的一面，尝试始终保持一种良好的思想、情绪，当然，还要有良好的行为表现。

然而，无论我们吃的是美善还是败坏，终究那是棵不该去吃的树。我们依然靠自己的努力行事，而那样做本不能结出神的生命。自我努力并非来自于分界线上方，并非出自我们的灵与神之灵的联合，也 并非源自基督的生命。它从分界线下方产生，是我们的魂在独立工作，试图让自己成为"合格的"基督徒。

只要出发点依然停留在魂里，我们的中心就还是自己，还会在或好或坏的想法、情绪之间摇曳不定。我们试图止住秋千，因为自以为神想让我们停止所有负面的情绪和思想。所以我们试图把秋千固定在美好的那一面上。

但是我们永远无法止住那秋千，因为它是被神推动的。神的设计就是让魂里的感受和思想与属灵的真实状况相违背。为什么？因为这是让我们学会依靠信心活在自己真正的身份和祂真实的属性里而不是外在表象里的唯一途径。神使用秋千的摆动迫使我们活在灵里，活在自己与祂的联合中。

（我并不主张人思想什么无关紧要。我们选择思想什么非常重要，这一点我将在后面探讨。我所说的是那些闯入我们脑海里无休无止的思想和情绪的浪潮，它们的出现是我们无法控制的。）

神为了自己永恒的旨意赋予了我们人性，并让它可以产生各样不同的情绪和想法。如果我们试图将它止住，结果只会是失败。我们怎么可能阻止一件被神推动的事呢？但我们却错认为自己可以做到，并且美其名曰"钉死自己"。可能在六个星期的时间里我们可以把一切都控制妥当——秋千被成功固定在了美好的那一面上，我们大大地松了口气，说："啊，我终于掌握窍门了。"本以为自己已经功德圆满，哪知刚一转身，秋千松了，重重地砸在臀部。于是我们感叹："唉，原来我的修行还没到家呢。"接着我们又回到了罪疚感中。

我们的出发点依然是自己和自己的魂，而不是那住在我们里面的基督。我们试图止住秋千，但神说："没有关系。没有关系。我就是这样造你的。你本不应该让秋千停下来。"如果没有意识到这是神的设计，我们就会试图让秋千静止下来。但是，一旦看清了它背后的推动者是神，我们就不会再感到被定罪了。

只要我们的人性依然是自己的出发点，我们就不会知道自己已死，也不会认识到自己与神的联合——我们不可能知道。我不是说我们不能在嘴上谈论或者引述与之相关的圣经经文，而是说我们无法体会到这个联合。但是，当经历到与基督联合的事实时，我们就不会再作一个活在魂里的人，也不再是一个以自我为出发点的人。这样，我们就完全进到了另外一个境界。

这时我们不会把魂里的活动视为负面消极的，而是把它看成积极正面的一件事。当我们的魂不再是自己的出发点，而是看到我们的灵已与神合而为一时，我们的注意力就会从魂上转离，放在祂的身上。

当看到在基督里我们的真实身份时，我们就会感叹："在神的大图画里，这个秋千是绝对必要的。因为如果在魂的层面上没有波动，信心的原则怎能在我里面起作用呢？如果我无法被不信试探，信心怎能在我里面工作呢？"

你里面最深的层面就是你与神的联合。当你开始从那里活出来时，你将不再从自己的魂出发来评判神或者自己。于是你的魂就不再是问题所在。只要你依然活在分界线以下，你的魂和体就会一直是你的问题领域。在健康无恙时,你判定神是好的;当魂里的活动都是"美好"、没有"败坏"时,你判定神是好的。然而如果从灵里而活,你就不再需要根据魂或体来评判神了——你将从灵里判定神。

与你的灵合而为一的圣灵并不产生任何噪音,那喧闹吵嚷的乃是你的魂:你的情感和思想。我真希望自己可以让它们消停下来。你不也是这样吗?然而我们不能,因为那不是我们该做的。我们本来就该活在这些喧闹之中(第十七章和十八章将更进一步探讨这个话题)。但是我们要从那完美的静止和寂静之中活出来,从那里汲取生命。那里的一切都是现时的存在,在那里我们可以认识神的旨意。当神将真正的属灵联合启示给我们时,我们就会从祂出发,根据内在的领悟做出决定。可能别人无法理解或者明白这样的认识,但我们自己却对它心知肚明。

神的圣灵绝不会在你生命中制造噪音。祂对我们说:"你要认识我,否则你将错失我的带领。因为我的起始点不是你的感觉,也不是你的思想。这并不意味着我不能借助它们来引导你,而是说它们不会是我的起始点。我的起始点在你的灵里。我已与你的灵合而为一。"

你灵里的认识并非来自于分析推理,而是要依靠启示。只有依靠启示才能真正认识神。通过启示,你认识到自己与神已为一,认识到神会使用你生命中分界线以下的活动,通过你彰显出祂的生命。一旦你明白了这一点,你魂里的波动就不再是一个自我定罪的源头。

那曾经让你头疼的问题领域,如今成了神带领你进入信心生命的工作区域。接着人们就会看到神的生命从你身上流露出来。

以利亚的故事是圣经中我最喜欢的一个解释灵与魂的例子。以利亚是神大有能力的仆人,他做了一件我无法企及的事。他说:"在我祷告之前,天不会降雨。"就这样他得到了举国上下的注意。果不其然,整整三年时间里,国中滴雨未降。他实为一位属神的伟人,但在他生命中也有很多魂里的声音,有好有坏。

在以利亚生活的年代,以色列充斥着各种异教崇拜和不敬虔之事。当他让亚哈王将以色列众民和巴力的先知召集在迦密山与他当面对峙、证明谁才是真神时,他与离经叛道者之间的矛盾就进入了高潮(《列王记上》18章)。在这场对峙中,先知们的假神无法产生火,而以利亚的祷告却让烈火从天而降。在神证明了自己之后,以利亚将四百五十个巴力的先知尽数处决。那时的他正处在巅峰状态。

让我用自己的语言为你讲述接下来发生的事吧。

当晚亚哈王回到了皇宫,来到妻子——邪恶皇后耶洗别那里。女仆当天正好休假,于是耶洗别在厨房里亲自准备沙拉。她一边在生菜、胡萝卜和彩椒中间忙得团团转,一边调制着密制"耶氏蘸汁"。这时亚哈走了进来,说:"耶耶,你今天真应该去参加那个复兴聚会。"

"你知道的,我不想跟你的宗教有什么瓜葛。"她继续埋头做着沙拉。

"如果你去的话就可以见到一些很神奇的事。"他回答道,"真的很不可思议。"接着他把当天的比赛过程从头到尾给妻子讲了一遍。

"我对你的宗教不感兴趣。亚哈。我有我自己的神,也有我自己的祭司。"

他回答:"哦,关于这个,我得告诉你……我想你现在已经没有祭司了。因为今天的比赛结束后,以利亚把你的四百五十个祭司都带到溪边杀了,一个不剩。"

"你说什么?!"

"你所有的祭司都死了。"

耶洗别开始用手慢慢地将生菜撕成碎块。她吩咐亚哈说:"去我的办公室里,给我拿一张御用信纸,还有我们的御用笔墨。我要下一份谕旨。"亚哈这个"妻管严"的男人乖乖跑去把御用纸张笔墨拿来交给了她。耶洗别写了一句话:"明天这个时候,我要让你和我的那些祭司一样命丧黄泉。"

她将书信卷起,用玉玺封印,说:"把它拿去交给以利亚。现在他就坐在中心广场,和其他长老在一起。你把这个给他!"

就这样,这封信传到了以利亚手中。而这位无所畏惧的神的勇士挺身而起,说:"我要面对她!我不害怕她!明天我就去见她,她杀不了我。神必要得胜。"

他是这样做的吗?

似乎不是。

以利亚宣布:"现在我该休个年假了,我现在就走,不需要薪水。"甚至还没等待到出纳把工资交给他,他就拔腿跑了。他逃走了。圣经说他当时很害怕,为自己的性命恐惧。

恐惧是一种魂里的情感。在那一瞬间,以利亚和我们中的许多人一样,受到魂里活动的驱使,从对自己最深的了解——也就是他的思想和情感而活。所以当耶洗别威胁要取他性命时,他便根据这些思想、情感做了一个决定——他逃跑了。这是他可以做出的唯一回应,因为他生命的深度就是如此。我们不能为此责怪他。如果以利亚活在自己里面最深的层次——灵的层面,就不会需要接下来神给他的这个功课了。

以利亚跑到了何烈山,躲在一个山洞里。神在那里与他相遇。神说(这也是我的解读):"以利亚,你在这里做什么?我不是把你留在迦密山带领会众庆祝胜利吗?你的复兴运动很成功啊。"

以利亚回答:"皇后威胁要杀我,所以我逃跑了,因为我是唯一剩下跟随你的人。"

"你是唯一剩下跟随我的人吗?"神回答说,"哦,我怎么那么可怜啊。我想告诉你一件事,以利亚。我另外还有六千九百九十九个属我的人,加上你整好是七千人。"

"哦。"

神说:"以利亚,出去站在洞口,我要给你演一场户外剧。我要从你面前经过。"接着神以地震、大风和火焰这些极具破坏性的力量的形式从以利亚面前经过。以利亚被这三种经历震惊,正如猛烈的情感和思想常让我们不知所措一样。这不就是你的魂一直在做的吗?它通过制造噪音吸引你的注意,让你分心。如果你认为那就是自己里面最深层的东西,那么你自然会按照它而活。

不过在神为以利亚上演的这出戏里还有一个矛盾之处。神说:"我要在你面前经过。"但在这些事件里圣经都说:"然而,神不在那里。"神连续三次说:"我要在你面前经过。"可是每次都不在里面。

为什么神会让这些巨大的力量轮番登场,而自己却不在其中呢?我看到主在对以利亚说:"以利亚,你生命中的一切归根结底都是我的。是我开启了这个运动,是我推动了你里面的秋千。任何事件的发生都有我在里面,包括你魂里的情感和思想。我会把你生命中由你自己或魔鬼制造出的混乱变成管教或者祝福。所以,你生命中所有外在的事物——包括你魂里的波动——都有我的参与。可是从最深的层面来讲,我并不在它们里面。我使用它们,但它们并不是我。它们并非你所能拥有的对我最深的认识。以利亚,如果这就是你能到达的最深程度,那么你将错失我。"

这意味着我们不需要抓住那秋千,强行将它制止住,不需要说:"我不该有这样的感觉"或者"我不该有这个想法。"我们不用再玩那个游戏了,也没有必要处处否认自己。我们可以接受魂的波动,将其视为有神参与、由神认定的一件事。但是神说:"如果你停留在魂的层面,从你的所见、所想和所感来评判现实,那么你就会错失我。"

圣经继续讲到,以利亚听到了一个"安静微小的声音"。这是英文新钦定版圣经的翻译。其他版本的翻译是:"一个柔和、温柔的吹拂"或者"一个纯粹的寂静"。我想那是一个几乎无法翻译出来的概念。在审视了不同版本的译文以及它们的表达方式后,我可以断定,以利亚的耳朵其实什么也没有听到。然而,虽然他没有听到什么物理的声音,但以利亚知道自己已经站在了神的面前。他拿起外袍,盖住了自己的脸。

我相信神在对他说:"以利亚,这就是我对你说话的方式。我不会用那些喧嚣吵闹对你说话,而是会安静地对你的灵说话。"这安静微小的声音和那些来势汹汹的扰乱相比没有任何响动,但是在那静止和寂静里,以利亚知道自己已经站在了神的面前。灵和灵的相遇就是如此。

愿圣灵让我们看到魂的喧嚣与灵的安静之间的区别,让我们认识自己的灵,使自己不被情感和思想迷惑、控制,而是能够活在神所应许的安息中。

第三部分

你是谁？

一个性情

大多基督徒都经历过一个信仰的深沟。它就像路边的一条沟壑,车开进去就再无法挣脱出来。除非神自己将一个信徒拖出来,否则他将永远无法完全活在与基督的联合中。

这条深沟就是:我们大多数人都相信,在灵魂的深处我们好坏掺半。或者用神学术语来讲,我们既是公义又是罪恶。举一个常见的例子:我们相信在我们里面有一条白狗还有一条黑狗,一个善良的性情和一个罪恶的性情,它们为了获得控制权而彼此争斗。

然而事实并非如此。我们务必要知道这个看法的谬误,因为如果相信自己既是公义又是邪恶的,我们就不可能活在与基督的联合中,也不可能相信祂每时每刻都会通过我们而活,更无法进入到祂的安息里。相反,我们会将注意力放在自己身上,希望把行为梳理妥当,赢得里面那场所谓的激战;我们会试图压抑邪恶的部分,好让善良的部分可以反映出基督的性情。但这样无休止的自我努力和保罗的话南辕北辙:

我已经与基督同钉十字架,现在活着的不再是我,乃是基督在我里面活着;并且我如今在肉身活着,是因信神的儿子而活,祂是爱我,为我舍己。(《加拉太书》2:20)

走出这个相信我们既善又恶的谬误的唯一途径就是明白在那属灵的世界里——在分界线的上方我们只有一个性情。只有一个。在分界线下方的表象世界里,我们看到两个现象,两种性情。

在表象世界里,并不缺乏善与恶同时在我们的里面和周围存在的佐证。如果单从表象评判,就会得到一个我们"既好又坏"的逻辑推论。这看上去完全符合事实,基督徒也如此笃信了许多个世纪。只有很少一部分人认识到他们在基督里的真正身份,整个基督教世界都接受了这个谎言。不幸的是,即便一个事物在分界线上方是不真实的,但如果在分界线下方我们以为它是真的,那它就依然可以辖制我们。我们必须选择从单一的性情而不是双重性情而活。

在属灵的世界里,单一性情才是永恒的真实。那是属灵生命的居住之地,是我们真正身份永远立定的所在。尽管我们必须生活在分界线以下现世的表象世界里,可这无法改变它对我们身份的断言是错误的事实。生命中的一切都取决于你相信哪个世界对你而言是终极的真实:是属灵的世界还是表象的世界。这将决定你相信什么,以及你将如何而活。

相信真正的自己并非既好又坏不是一个容易的选择。所有外在的明证、看似显然的证据、眼睛可见的表象都是它的反证,都表明你有两个性情。"你是美善的,是的,你有善良的一面。但是,你也是邪恶的。"只有圣灵可以显明,你只有一个性情,而不是两个。在你生命的最深处,你并非既公义又罪恶,你仅是公义的。

我想和你一起查考经文,让圣灵将这个真理启示给你。我想你也会从中看到我们一直在探讨的话题,理解二性论不可能是真实的。与此同时,我们也可以领会到自己之所以会相信这个理论,完全是因为自身经历所致。我们在问的问题是:你是谁?或者我们也可以说:你所彰显的是谁?

圣经里只有两次像我这样使用"性情"二字来描述我们真正的自己。《以弗所书》2章3节告诉我们,当我们出生在这个世界中时"本(从性情而言)为可怒之子"。《彼得后书》1章4节说,作为信徒,我们"与神的性情有分"。所以圣经是否标榜我们既是可怒之子,又与神性情有分呢?还是说我们只是与神性情有分的人?让我们在整本圣经里寻找答案吧。

《创世纪》2章说,伊甸园里有两棵特别的树:分别善恶树和生命树。神创造这两棵树之后,设定了一个选择。然而,这是一个"两者皆可"还是"非此则彼"的选择呢?究竟是哪一种?它是一个"非此则彼"的选择,不是吗?不是"两者皆可"。亚当可以选择吃其中一棵树上的果子,但不可以两棵树上的果子都吃。

这两棵树就等同于两种性情。如果你可以拥有两种性情——如果两棵树上的果子你都可以吃,那么这个选择就是两者皆可了。然而神并没有提供一个两者皆可的选择,人选择哪棵树就是要彰显哪种性情。他要么选择吃生命树(基督)的果子,彰显神的性情;要么吃分别善恶树(人类独立)的果子。所以神说:"分别善恶树上的果子,你不可吃,因为你吃的日子必定死。"这不仅是指肉体的死亡,更主要是指属灵的死亡和与神的隔绝。

如果当时人类的始祖选择了生命树上的果子,那么我们便从一开始就摄入了生命——神的生命。然而我们选择了另一棵树。那棵树不单带来了死亡,也开启了分界线下的二重性情。毕竟我们吃了分别善与恶之树的果子。

正如我们所见,如果你是一个信徒,那么你已经在基督的死中死去。放在这个语境中,就是意味着你已经向着"吃分别善恶树的果子并成为它的表达"而死了。虽然这并没有在分界线下方为你将善与恶除掉,但是在你里面的最深处,在你的灵里,它们已经被剔除了。在那一瞬间,你不仅向神的性情活了过来,更领受了祂的性情。用《创世纪》的话说就是:你终于吃了生命树上的果子。

我们并非同时是两棵树的彰显。神在一开始就没有将它设立为两者皆可选择,而是一个非此则彼的关系。起初亚当对分别善恶树活了,向生命树死了。我们从他继承了这一点。然而通过在基督里的新生,我们已经向前者死、向后者活了。在生命的最深处,我们只与一棵树有份,只有一个性情。

《马太福音》6章24节,在论到"两个主"时耶稣说:

"一个人不能事奉两个主。不是恶这个爱那个,就是重这个轻那个。你们不能又事奉神,又事奉玛门。"

虽然这里说的是神和财富,但道理是相通的。摆在我们面前的有多少个主?两个。是两者皆可呢,还是非此则彼?是非此则彼,对吗?选择了基督,我们就选择了一个不一样的出发点,一位不一样的主。

是的,我们依旧时常犯罪;我不是说从此我们不再做错事了。然而问题的关键不在这里。问题是,谁是你的主?每一个信徒都必须承认:"基督是我的主。"邪恶不是我们的主。如果我们行恶,就会心生憎恶、感到懊悔。因为邪恶不是我们真正身份的一部分。

现在我又回到肯塔基州西部生活,在这里会碰到很多我年轻时认识的人。二十出头时,我在霍普金斯维尔有一个朋友。那时他是一个得救之人,只是没有将信仰付诸实践;而我还是一个迷失青年,过着迷失的生活。所以他和我常常会一起出去做些罪恶的勾当。

不久前我们碰巧遇到对方,一起追忆起往事。他告诉我,当年每次我们一起出去,回家后都会睡不着觉,因为他为做了自己憎恶的事懊悔不已。只是他还没有到悔改的地步,仅仅是感到懊悔而已。但同样的事对我却没有任何影响,它从来不会刺伤我的性情,因为我的性情在说:"好样的!"然而他的性情却在说:"那不是我。那不是我。"

从外表看,他和我在做同样的事。单从行为判断,你无法分辨我俩谁是基督徒。但是在里面,他知道自己是属于神的。后来,我发现自己并不属于神。

当我下决心接受基督时,人们告诉我:"你只不过是重新交托了自己的生命。我们记得你十一岁时就加入了教会。"

我回答:"是的先生,当时我是加入了。不过那时的我就和落入草丛的高尔夫球一样迷失。"

你的出发点在哪里?那才是关键。我们只能有一个主。

保罗在《罗马书》6章12到23节中也说到了主仆的关系。他描述了两种不同的奴仆:罪的奴仆和义的奴仆。问题是,你是谁的奴仆?你要向谁献上自己?我们将自己献给了基督,认祂是我们的主。既然这样,m就如保罗所说(他的中心意思是):"你们已经向那旧我死去,并把它从你们生命中剔除。"只有当你明白自己真正是谁,并知道基督就是你的生命时,这个忠告才不会落空。

如果还不知道自己真正的身份,那么宣告"脱去,脱去,脱去"实际上是魔鬼的诡计。你以为自己既善又恶,有两个性情,并被告知需要脱去其中一个性情。而问题是,你还没有确定哪一个才是你真正的性情,依然认为自己两者皆有。结果是无尽的沮丧,你纳闷:为什么要让我脱去自己本性驱使的事情呢?这个习惯已经随了我很多年了。如果那是我的性情,为什么告诉我要把它脱去呢?于是你对神愤愤不平,以为祂要你压抑真实自我中的一部分。这都是因为你不知道自己真正是谁。

你只有一个性情。脱去罪行对你来说是本性使然,因为罪不是你的性情,你已经向它死了。

在《约翰福音》8章中,耶稣与法利赛人发生了争执。祂告诉他们:

"你们是行你们父所行的事……你们是出于你们的父魔鬼,你们父的私欲,你们偏要行。"(8:41、44)

与此相对应的是,耶稣反复申明:"我只做我看到我父做的。"

那些真正在为魔鬼做事的人反而控告耶稣说:"你里面有魔鬼。"这是他们依靠自己对表象的理解做出的判断。耶稣和天父作为一体而活,但是在法利赛人眼中,祂严重扰乱了当时的宗教秩序。对他们来说,耶稣声称自己与天父是一体的,乃是一种亵渎行径。

想必你也看到了听信这个错误信息有多么符合逻辑。在可见、暂时的世界里,你的身份由你的表现和行动决定。然而在不可见、永恒的世界里,你的身份取决于你属灵的出生。我们是从神生的(《约翰一书》5:1),神的圣灵生了我们的灵(《约翰福音》3:3-6)。我们不可能既是从神生的又是从魔鬼生的。我们只能有一个父,不可能有两个。

在《罗马书》5章12到21节中,保罗提到了两个亚当。说到第一个亚当时他说:

这就如罪是从一人入了世界,死又是从罪来的,于是死就临到众人,因为众人都犯了罪。(5:12)

在提到第二个亚当,即耶稣基督时,他说:

若因一人的过犯,众人都死了,何况神的恩典,与那因耶稣基督一人恩典中的赏赐,岂不更加倍地临到众人吗?(5:15)

从神的视角来看,所有人类都要么在亚当里,要么在基督里。从属灵上讲,他们是两个不同人类种族的首领。如果与《创世纪》2章联系起来,那么第一个亚当就代表了分别善恶树,第二个亚当则代表生命树。

但是我们不是同时属于两者的。我们要么属于这个，要么属于那个。我们要么"在亚当里"，要么"在基督里"。圣经从未告诉我们人类同时属于两者，那是不可能的。然而如果没有通过启示获知自己只有一个而不是两个性情，那么相信我们两者皆是完全符合逻辑的。因为只看到了自己如何行动、感受和思考，所以在你看来自己同时有两个性情。然而事实是，你只有一个性情。作为信徒，你只可能在基督里。

在《罗马书》7章1至6节中，保罗谈到了两个丈夫的话题。只要第一个丈夫还活着，女人就被律法束缚，必须和他在一起。但如果这个丈夫死了，她就解脱，可以另嫁别人。但是，她一次只能嫁一个丈夫。

保罗在此做了一个类比。他解释，我们原来是嫁给了律法，但当我们死在十字架上时，我们就对第一个丈夫死了，从他那里解脱了出来。我们对律法、对分别善恶树、对那个一直在通过我们彰显自己的第一个亚当死了。现在我们有了一个新的丈夫——我们与基督结合了，并将彰显出这位与我们亲密无间、合而为一的丈夫的生命。

我们的性别是男是女在这里无关紧要。在灵里，我们要么和这个丈夫联合，要么和那个丈夫联合。如果某个晚上我们偷跑出去，又回到第一个丈夫那里，那我们犯了什么罪？奸淫。如果我们因此生出了一个后代，即由奸淫关系产生的一个行为或行动，那它也只能算是一个私生子。真正的丈夫不会承认这个孩子，因为那不是他的骨肉。

我想说的是：你不能有两个丈夫。你要么嫁给这个，要么嫁给那个，但不能同时嫁给两个丈夫。那是不合法的！

根据《罗马书》9章，我们可以从保罗的话中归结出与之完全一致的观点。他说，有两种不同的器皿存在——震怒的器皿和恩慈的器皿。你要么是这个，要么是那个，并非两者皆可，不可能两者都是。

《约翰一书》也延续了相同的真理：

凡灵认耶稣基督是成了肉身来的，就是出于神的，从此你们可以认出神的灵来。凡灵不认耶稣，就不是出于神，这是那敌基督者的灵......小子们哪，你们是属神的，并且胜了他们，因为那在你们里面的，比那在世界上的更大。（《约翰一书》4:2-4）

这里提到了两个灵：一个承认耶稣基督，另一个不承认祂。你属于哪一个灵？我们承认耶稣基督是神的儿子。如果你对自己的真正身份存在任何疑惑，那么就请回到这个问题上：你真正承认的是谁？如果有人把你逼到墙角，撕掉你所有的外在包裹，质问你真相："你属于谁？你承认的是谁？"无论你陷入怎样不可自拔的泥沼，只要坦诚，你肯定会说："我属于基督。我现在的行为也许让我羞耻，但我是属于基督的。"你只属于一个灵，不是两个。

我并不否认在分界线下方你我生存的世界里存在着两种可能性——我们既能行善又能行恶。这一点毋庸置疑。但是我们并非只活在这可见、暂时的世界里，那里不是我们身份的来源。我们是属灵的生命体。而作为属灵的生命体，我们不可能既是善良又是邪恶的。我们应该而且必须看到，我们只可能是一棵树的彰显；只能有一个主、一位父、一个丈夫，只能做一种器皿，只能有一个灵。我们只能是一个性情！

二性论的教导如此具有说服力，是因为它看上去确实是真实的。在经验的范畴里，你就是这么感受和思想的。那么为什么它不是真实的？因为你的所想或所感并不能决定你是谁。你是谁由神说了算。神说你是圣洁、公义、无可指摘的。

那么为什么看上去我们有两个性情呢?因为在我们里面,罪的能力是活跃的——但它不在我们里面的那个人——我们真正的身份里。保罗解释说,我们里面的人现在已经和神站在一边,但我们的肢体并非如此:

因为按着我里面的意思,我是喜欢神的律;但我觉得肢体中另有个律和我心中的律交战,把我掳去,叫我附从那肢体中犯罪的律。(《罗马书》7:22-23)

所以罪在我们里面是活跃的。但是,它活动的地方在哪里?保罗说它在我们的肢体中。我们有了一个新的、从圣灵而生的灵,但依旧生活在未被救赎、倾于犯罪的身体中。所以在脱离身体之前,我们都必须与罪的力量进行抗争。(在十八章中我们将看到,神能使用我们里面这个持续的张力造就我们。)不过就身份感而言,此刻我们务必得到一个这样的认识:无论思想、感受或行动受其影响多深,在我们身体里的罪的力量并不是我们。保罗将这一点解释得十分清楚:

若我所做的,是我所不愿意的,我就应承律法是善的。既是这样,就不是我做的,乃是住在我里头的罪做的。(《罗马书》7:16-17)

为了保证读者不会漏掉这一点,在仅仅三节经文之后保罗又一次重申:

若我去做所不愿意做的,就不是我做的,乃是住在我里头的罪做的。(7:20)

神在罪和真正的你之间竖立了一堵不可逾越的高墙。神知道你在墙的这边,罪在墙的那边。祂知道尽管你依然犯罪,但在本质上你并不是个罪人。你是一个圣徒,是祂所生、所爱的孩子。

两个例子可以说明这一点。如果我给你开个证明,上面写着:"签署此证,将保证你永不再犯罪。"你会签吗?如果你是神的孩子就一定会签,因为遵行天父旨意是你心中的夙愿。但是如果要在尚未重生之人中间找到一个愿意签署这份证明的人就没有那么容易了,因为他们心里想的都是自己,而不是神。

或者援引之前那个奸淫的例子:比如你嫁给了琼斯先生,但今晚你计划溜出去当一回贝克太太。到了晚上,你和贝克先生外出,假装自己是贝克太太。尽管他向别人介绍你是贝克太太,尽管你们整晚都在假装贝氏夫妇,但你们是吗?再怎么假装、做样子都不能使它成真,因为在天上找不到任何可以支持它的证据。所以无论那天晚上你的行为表现怎样,你终究还是琼斯太太。然而那恶者喜欢让我们把注意力放在表现上,这样我们就会通过行为来认识自己。

不难看出为什么我们会被迷惑,认为自己是双重人格、一人两性。然而,从接受耶稣基督的性情成为自己的性情的那一刻起,我们就变成了一个单一的人。我们只有一个性情,不是两个,只是自己不知道而已。神在灵里生了我们,让我们成为祂单一的彰显。但是除非有了这样的认识,否则我们不会持续地活在这个性情中。在此之前,我们会偶尔表现出自己真正的性情——因为神在我们里面的生命是无法掩盖的——但那不是个持久的状态。

二性论带来的只会是苦闷,把我们又带回到了《罗马书》7章里:"故此,我所愿意的善,我反不做;我所不愿意的恶,我倒去做。我真是苦啊!谁能救我脱离这取死的身体呢?"

这就是我们大多数人的真实境况:试图遏制两个主中的一个,抬升另外一个。这里面是谁在掌控?是我们。我们在试图靠自己完成这事。正如前文所说,它带给我们的只有无止境的自我努力与不断失败的恶性循环。然后,答案终于来了:基督是我的生命!

我的魂永远被困在二性论里,头一天它还良善,第二天就变成邪恶了。只有我们的灵是单一不变的。它要么公义要么邪恶,不能两者皆是。非信徒并非即善又恶。在他们生命的最深处,在灵里面,他们是罪恶的(《以弗所书》2:1-3)。做好事不能让他们成为公义;同样道理,做坏事也不能让你变成邪恶。

　　在我们里面神的性情是单一的,而祂的性情就是我们的性情。神钉死了我们的旧性情(《罗马书》6:6),并赐给了我们一个新的、公义的性情。如果没有圣灵的启示,我们就无法明白这一点,因为在可见、暂时的世界里,一切都在支持二性论的谎言。

　　愿神加深我们对祂已经成就之事的领悟,启示我们那旧我已经死去,我们也真是祂公义、圣洁的孩子了。

真正的你

~~~~

我们从出生起就进入了一个艰难的生存状态。作为婴孩,每天都是对我们的需求得到满足的挑战。不知不觉中,我们学会了这个世界的生存游戏。我们学到,只要哭喊就会被人注意。如果成天都安静睡觉做乖宝宝,就不会有人注意我们了。只要制造噪音,就有人会喂饱我们,擦干我们,给我们换尿布,陪我们玩耍。

用不了多久我们就学会,这么做爸妈喜欢,那么做他们会不高兴 。我们发现如果表现不好就可能受到惩罚,表现好了就会有嘉奖。于是我们得出结论:我最好不做那个。我最好做这个。

我们上学了。在学校里学到,如果我这样做,老师就会喜欢我。如果我那样做,她就不喜欢我。所以我最好这样做,不要那样做。如果有一个吸引人的个性,我们就可以跻身学校最受欢迎的孩子之列。我们掌握了这个系统的生存法则。即使不受欢迎,我们也学会了接受。在高中如果有了男女朋友,我们就要学着怎样去适应,否则就要学习如何接受单身。

进入职场后,我们知道了怎样做可以得到晋升,怎样做会受到批评。接着我们结婚,以为会永远幸福下去。哪知这是神的妙计。婚姻的目的其实是为了把你逼到祂里面,而不是一味要给你祝福。如果你碰巧找到了幸福,那也不会持续太久。对于很多人来说,婚姻并不是幸福的终点站,它的存在是为了让你去发现那真正的亲密。

其实这就是个迷宫:我们试图寻觅一个彼此可以存在并且和谐共处的稳固之地。我们不断地学习、回应、调整,做那些可以让自己在这世上立足的事。从来到这个世界的那一刻起,我们就在过犯罪恶中死了——在灵里死了,与神隔绝——世界和魔鬼阴谋策划要在我们里面创造出一个试图独立存在的自己。我称它为假我。

圣经将这假我称为肉体。然而肉体带有太多负面寓意,容易误导我们,不明白它的真正含义。保罗对加拉太人写道:"情欲(译注:肉体)的事都是显而易见的,就如奸淫、污秽、邪荡、拜偶像、邪术、仇恨、争竞、忌恨……"以及其他许多丑恶事物(5:19-21)。当然,这些都是对的,肉体确实可以产生这些东西。然而它还可以生出许多在外表看来完全可以接受的事物,譬如自食其力、可靠、自律等等。肉体或假我不过是指身体和魂在没有圣灵情况下的运行状态。

假我就是基于魂的自我,是魂脱离其本源的独立运行。我不想贬低魂在神的经济学中的关键地位,因为神的生命必须通过魂才可透过我们表达出来。然而祂的生命必须通过一个依赖于其源泉的魂——而不是一个独立运作的魂——才能表达出来。

作为未信之人,因为我们的灵向神是死的,所以我们的生命被魂(希腊语:psychē)所驾驭。魂转向了世界,从外在环境中获取方向和肯定。我们成了保罗所称的自然人,活在一个基于魂的生命里。

在这条道路的某一处，我们得到了拯救，罪愆都被赦免了。于是我们有了想要活出那所谓的"基督徒生命"的渴望，可是却不知如何活在自己的新生里。于是我们又回到了唯一另外一个已知源头——假我那里。它深谙世界的法则，只需稍做改动就可以适应基督教的环境。于是我们成了自助类书籍的忠实读者，按照它们的教导学习如何调控那个假我，让其更有效地去迎合信仰生活。

尽管在灵里有圣灵的内住，我们却不懂得让圣灵通过我们活出基督的生命。所以我们的运行模式和不信主时完全一样：自食其力。这就是假我的实质——一种想要独立操控自己生命的尝试。作为基督徒，那假我甚至会为了神的荣耀这样去做。

这个被造的世界在我们生命中一直扮演着重要的角色，因此让作为信徒的我们很难改变对自己的看法。让我们不再将自己的人性（我在这里并没有把人性视为一种负面的概念，而是一种自然的概念）看作是关于自己最重要的一件事并不容易，但它不是最重要的。我们也将他人的人性看作是关于他们最重要的一件事，但它也不是最重要的。在认识到原来基督不单是罪愆的赦免者、也是我们的生命之前，我们会一直把自己的人性奉为生命中最为重要的一个部分。

在得到了这个认识之后，我们里面的那一位就变成了唯一重要的。而在此之前，我们始终会把注意力放在自己身上：我们表现怎样，外貌如何，成长状况可好，是否已经达到要求。保罗和哥林多人曾探讨过这个问题：

原来基督的爱激励我们。因我们想，一人既替众人死，众人就都死了；并且祂替众人死，是叫那些活着的人不再为自己活，乃为替他们死而复活的主活。

所以，我们从今以后，不凭着外貌（注：原文作"肉体"，本节同）认人了。虽然凭着外貌认过基督，如今却不再这样认祂了。（《哥林多后书》5:14-16）

保罗说我们曾经认识肉身的耶稣，但现在已经不再这样看待祂了。不是说要无视祂的人性，而是说我们不再将注意力停留在那个曾经生活在可见、暂时世界里，在人类历史中留下深远影响的、道成肉身的耶稣。我们要强调的是那位永恒的、内住的基督。这就是我们要用以看待基督、他人和自己的方式。保罗继续说：

若有人在基督里，他就是新造的人，旧事已过，都变成新的了。一切都是出于神……（5:17-18）

你在基督里吗？如果答案是肯定的，那么你就是一个新造的人。当你重生之时，神就在你里面生了一个照祂样式而造、圣洁公义的新灵（《以西结书》36:26、《约翰福音》3:6-8、《以弗所书》4:24）。

我喜欢尼达姆（David Needham）在《与生俱来的权利》（Birthright）中的说法：在那一刻，一个从未存在过的新人诞生了。你不是件被翻新的器皿，而是一个全新的创作。你的旧我已经和基督一同被钉在十字架上。新的你从圣灵而生，并且与基督一同复活，和祂一起坐在天上（《以弗所书》2:6）。从前你在灵里是死的，但现在你活了过来。你开始了前所未有的新生，正如神起先计划的那样。在灵里，你是一个全然新造的人。

但你现在是否已有了新人的样子？没有。你看上去还是从前那个的老汤姆、迪克、哈瑞、玛丽、简或者伊丽莎白。在外面，你依旧是你；但是你里面已经被更新了。你里头有了生命。那些你希望在分界线下方拥有的事物，保罗说你已经有了。你已经是个新造的人，所以不用努力成为一个新造的人。但是，在知道这个真理以前，你会一直试图成为一个新人。

当然，我们可以在头脑上表示赞同，说："是的，我是一个新造的人，但是……"你活在什么样的层面，完全取决于你在"但是"后面说的话。"我是一个新造的人，但是……"

但是什么？

"但是我有太多失败。"

那么这就是你看待自己的方式。你并没有把自己视为一个新造的人,而是一个常常失败的人。相反的,你可以说:"我确实常常失败,但我是一个新造的人。"这样你才处在了新人的层面。但是之后的内容才是你生命的层次。

在耶稣基督里,你是一个新造的人。那旧我已经成为过去。对谁而言?对神。对你来说,旧我在可见、暂时的世界里消失的速度也许不及你希望的那么快,但对神而言它早已成为了过去。祂看到的是那个不可见和永恒的事实。这位看得到起先和末后的神知道旧事已经过去了。问题是,你要听谁的判断?是你自己的,还是神的?对统管宇宙的真神而言,你的旧我已经不复存在了,你已不再是进入基督前的那个人,而是一个全新的人。

在得救之后,我花了二十多年时间才真正明白自己已经拥有的身份。我说:"哦,我的天哪。看哪,这么多年来神原来一直是这样看待我的。我却陷入了这个试图让自己成为新人、屡战屡败的肉体挣扎中。"当成为另一个人的努力停息下来,明白自己原本已经是这样的人时,失败也终止了。

在看我们时,神有一个与我们截然不同的出发点。祂不会把注意力锁定在我们的肉体或假我上,或者聚焦在我们的psychē(魂)上。祂会从一个不一样的出发点看待我们,看到那个从祂圣灵所生的新造之人。保罗对哥林多人写道:

神【天父】是使那无罪的【耶稣】,替我们成为罪,好叫我们在祂里面成为神的义。(《哥林多后书》5:21)

耶稣为我们成为了罪,当祂死去时,作为罪人的我们也死了。当祂作为神的义者复活时,我们也与祂一同复活,成了神的义。对神来说,你现在就是一个从未犯过罪的人。保罗向以弗所人这样解释:

就如神从创立世界以前,在基督里拣选了我们,使我们在祂面前成为圣洁,无有瑕疵。(1:4)

对歌罗西人,他写到:

但如今祂藉着基督的肉身受死,叫你们与自己和好,都成了圣洁,没有瑕疵,无可责备,把你们引到自己面前。(1:22)

那就是一个义人。这些话不可能是对一个不义之人说的。你无须等待成为圣洁、没有瑕疵、无可责备的那一天,因为此时此刻,神看你已经是圣洁、没有瑕疵、无可责备的。当祂看着你时,祂看到的是祂儿子的性情。祂看你是爱、喜乐、平安,是公义,是已得救赎之人。祂看你是已被称义的、完美的、完全的。

因为神本性一切的丰盛,都有形有体地居住在基督里面,你们在祂里面也得了丰盛(译注:《新美国标准版圣经》此处译为"已被完全")。(《歌罗西书》2:9-10a)

"完全"这个词蕴含着全然成熟的含义。这是在不可见、永恒世界里的事实。神看你就是完全、全然成熟的。你不单已被神接受,你对祂而言更是可以接受的。

这才是真正的你。那假我——你的肉体和它想要独立应付世界的努力——并不是真正的。真正的你是一个新造的人:公义、圣洁、没有瑕疵、被接受、被爱着。

继续自谦说自己多么不配实质是对神的冒犯,是一种不信的宣告。你其实是在说:"我真的不相信神说的关于我的话。我相信的是我自己对自己的看法。"这样做我们不会取得任何进展。这不是谦卑,而是一种假谦虚,是一种来自传统和肉体的教导,它徒有谦卑的假象。

真正的谦卑是同意神所说关于你的话,不能多,也不能少。我们是神的义——虽然不是随时都有这个样子,都有这样的感觉和思想,但这就是我们真实的身份。

　　认识自己真正的身份可以给我们带来许多好处,其中有两点是我想要特别强调的。第一,认识我们的真实身份,会让我们深刻地意识到一个关键的真理:在我们身上已经没有任何定罪。保罗在《罗马书》8章1节中直截了当地说:

　　如今,那些在基督耶稣里的就不定罪了。

　　所以在我们身上已没有从神来的定罪,也不应该有任何自我的定罪。如果你想要接受定罪——你完全有这样的自由,但在基督里是没有定罪的。那恶者和世界试图定我们的罪,告诉我们:"你不够好。记得你向神许下的那个承诺吗?你没有守住它。"我们自己也很擅长给自己定罪。但是,在基督里已经不定罪了,所以不要接受它。让魔鬼离开,说:"我和你已经没有任何关系了。无论我在想什么、感觉到了什么或者做了什么,我都是不被定罪的。我在基督里是神的义。"

　　随着属灵生命的成长,我们会学着分辨圣灵的声音和那恶者的声音。圣灵从不定你的罪。

　　祂有时可能会提醒我们说:"等一等。等一等。"但祂不会用定罪的方式。祂可能有时会让你知错,会责备、纠正和指明,但祂从不定罪。祂想要建造你,加给你力量,提升你对神在你里面之生命的理解。祂想要让你看到神已经是如何看待你的:你是一位圣徒,一位圣者,没有瑕疵,无可指责。

　　明白我们永不再被定罪是一个巨大的释放。每一次感到被定罪时,我们都可以立刻回到自己的真正身份里。

　　认识我们的身份会带给我们的第二个关键好处是:它可以让我们带着基督的意识而非罪的意识去生活。神不想让我们带着一个罪的意识而活。一次有人问我是否还犯罪,我回答:"我不知道。我完全没有注意。"这么回答很大一个原因就是为了引起他们的注意。事实是,除非你住关注自己,否则你无法回答这个属灵大盘点的问题——你必须满心想着自己而不是神,你必须满心想着分界线下方而非上方的事。

　　盛满罪的意识实质就是以罪为中心。《希伯来书》的作者解释说耶稣来是要将我们从罪的意识中解脱出来:

　　律法……总不能藉着每年常献一样的祭物叫那近前来的人得以完全。若不然,献祭的事岂不早已止住了吗?因为礼拜的人,良心既被洁净,就不再觉得有罪了(译注:不再意识到罪了)。但这些祭物是叫人每年想起罪来……

　　【但是】因为祂【基督】一次献祭,【神】便叫那得以成圣的人永远完全。(10:1-3、14)

　　神的心愿不是要让人带着罪的意识而活,而是要带着神的意识而活;不是要让我们带着自我意识而活,而是要带着"基督在我们里面"的意识而活。这是否意味着当圣灵指出罪时我们要选择对其视而不见呢?当然不是。它意味着我们要等圣灵来指明我们的罪,而不是自己不断地搜寻或者默认罪的存在。

　　我们是圣徒,不是罪人。我们必需带着这样的意识去生活。基督徒大都喜欢向人披露自己是怎样一个糟糕的罪人,但对于神来说他们早已不再是罪人了。一天晚上,我和教会的两位执事谈话,这两位都是模范公民。我说:"我想问你们一件事。你们为什么总祷告:'赦免我们的罪'呢?"

　　他们思索片刻,然后回答:"我们一直都是这么做的啊。"

　　"我知道你们一直是这么做的,但是你们为什么要这么做?"

　　"嗯,这好像是我们应该做的。"

　　"圣灵有没有说你做了什么坏事?"我问道。

"这个么……没有。"

"既然这样,让我们来定个协议吧。如果不是圣灵说:'你刚才做错了'就不要请求赦免。而且就算那时也不要请求被赦免,而是要为主已经赦免了你而欢喜快乐。只需为你被赦免在主里欢庆就够了,因为祂已经把那个罪带上了十字架,不是吗?神有没有遗漏一个祂不知道你会犯的罪?没有。祂已经把它们全部都担当了。"若疏于活出自己真正的身份(我们真正的自己),我们就会活在肉体(我们的假我)里。那时,我们会把自己作为出发点。这样做的实质就是选择否认自己真正的身份,否认在自己里面的基督是谁,并选择不按照自己真正的身份去行事为人。活在这样一个境地里是危险的,因为那不是真正的生命,而是个仿冒品。你可以真正靠着而生的泉源只有一个——那就是神——这位你已与之结合的属灵良人。祂是唯一给你真正身份的那一位。

我们真正的身份不在外面,不在我们的表现中。假我的身份依赖外在,但真我却不是这样。耶稣说:

"凡要救自己生命的,必丧掉生命;凡为我丧掉生命的,必救了生命"。(《路加福音》9:24)

在圣经中读到这节经文时,我们会认为耶稣说的是肉体的生命,其实不然。被翻译成"生命"的这个希腊词是psychē——魂。耶稣其实是说:"如果试图抓住这个魂的生命、这个假我不放手,那么你就会失去那真正的生命。但是,如果愿意丧掉你魂的生命、不让它成为你的主导、不按照这个假我而活,那么你就会得着生命。"

活在魂之生命里的诱惑始终存在。作为牧师,我很容易活在宗教的魂之生命中——从宗教的外在事物中汲取自己的身份。它们貌似美好、合宜,诚然是获得身份感的好地方。人很难不掉到这个陷阱里。如果有一天宗教的世界不再是你身份的来源,那么置身其中也无妨,否则它就会成为一个偶像。然而,我可以坦然地说:"我不是一个外在之人。我是一个有外在行动的内在之人。我做这些事情并不是为了从中找到自己。"

任何从外在汲取身份感的活动都是在强化假我的偶像。我们的假我认为它需要外在的事物或活动来赋予其生命。它想要通过外在的肯定被爱抚,想要占据权柄地位,或让自己的声音被公众听见。活在肉体中是岌岌可危的,因为我们在利用他人来证明自己的价值。然而当我们不再需要这些外物——当我们在基督里的身份以及我们里面神的身份成为生命的根基性真理时,我们就不再需要从外在事物汲取身份,故此可以合宜地看待这些事物。

神会一次次将我们领入各种环境,为的是带我们到一个让祂成为我们生命的一切的境界。因为在那里我们才可以活出自己真正的身份。一旦到达,祂就可以把外物还给我们——正如祂又把我放回到宗教世界里一样。这时,我在其中是安全的,因为它已经不再给予我身份了。它只是一个我服侍的场所,一个祂的生命通过我为他人倾倒出来的地方。

我们是属灵的生命体,是天父借以繁衍祂生命的珍贵途径。我们在基督里是神的义,是神所爱之人。我们的身份并不取决于事工、孩子或财产。那假我不是我们真正的自己,所以不需要不停地操控它,试图提升它,或者让它具备体面的模样。

我们的文化执迷于假我的提升,它教导我们怎样去更好地应付生活。的确,我们可以做很多事来帮助假我,让它变得更加体面或者更受控制。然而,所有这些旨在改变假我的努力都无法带来真正的虔敬。应对假我的答案不在于更多的努力。当神向我们显现祂自己之后,我们就会看到那些祂已经白白赐给我们的恩典。祂已赋予我们一个新的生命——基督的生命。

让我们跟上神的脚步,跟上圣灵生命的脚步。我们并非试图抹灭精神病学和心理学在各自领域中的作用,然而神希望我们超越魂的境界(这是这些学科对付的问题),来到神主导的层面——灵的层面上。神希望我们成长在那里面的属灵生命。

我不否认这位全能之神在我和他人身上做工的方式可能各不相同。帮助魂是许多人选择的做法,而且其中也不乏需要获得即时帮助的人们,这样做往往可以帮助解决这些人的紧急状况。但是我在这里要强调神托付我教导的领域:圣灵和灵的世界。我宣讲的是神住在你里面、通过你而活,并且将属灵的医治带给你。

当你从灵出发时,属灵的医治将渗透到你生命中的其他领域。在我生命中神就是这样做的。祂在我身上尽管还有许多未尽之功,但不可否认,祂确实医治了我。也许我也可以通过其他方式来应对生命中的境况,但是当危机来临时我没有去找心理医生。在魂里我曾对神愤愤不平,但在灵里却是另一种状态。这是因为无论我是否意识到,祂的灵已经与我的灵联合,所以通过与祂交涉,我的问题就迎刃而解了。

另外一条路可能会更多地去审查我的成长历程,探究自己为何会是这样。在这方面我已经知道很多了。当然我肯定还有不少自己不知道的问题,但当我说:"我会通过与神交涉来解决问题"时,我所抓住的是一个属灵的事实,即神想要我选择真我的道路。最终,祂想让我们所有人都走上真我的道路。

真我是我们在灵的层面上的真正自己。在生命的最深处,你并不是一个罪人,而是一位圣徒。你是神圣洁、公义、没有瑕疵的孩子,你拥有祂的性情。在生命的最深处,你的渴望和神的旨意并不矛盾。你最深处的自己总是想要实现你天父的旨意,正如耶稣想要遵行祂父的旨意一样(《罗马书》7:22、《约翰福音》4:34)。

这就是你永恒不变的身份,是你真正的自己。即便暂时经历到与之偏离的思想、情感甚至行为也不会改变这个事实。只有靠信心接受这一点后我们才会开始经历到它的真实。

如果我们还没有领受到这个认识,那么有一件事就应该占据我们的时间和注意力——祷告请求:"天父啊,我想要领受对我在基督里的真正身份的认识。我要通过信心领受它,并且希望能够切身地体验到它。"这将是一个意义非凡的祷告。它是每一个认识自己、学会活在自己真正身份中的人都曾做过的祷告。

神宝贵的资产

若想从不可见、永恒的世界出发来驾驭生命,我们必须把自己搁置一旁。如果不放下自己,就不能活出这个生命。要做到这点只需相信:你不是神的负担,而是神宝贵的资产。

只要你依然活在认为自己是神负担的谎言中,那么无论怎样你都会感到自己不够好,总有欠缺,始终不能成为神要的样子。你会持续不断地将注意力放在纠正自己行为的努力上。除非看到自己已经完全是神想要的样子——是神的资产而非负担,否则你永远无法确立那生命活水已经在从你流出的事实。从最终诚然接受自己那一刻起,你就会开始经历到神为你命定的生命境界。

从死在十字架上的那一刻起,我们就已不再是神的负担。从祂的视角来看,即便失败跌倒,我们也不会成为负担,因为祂会使用我们的一切经历来造就我们和他人。若不相信基督,我们无论如何都是负担,而且外在越好这个负担就越大,因为我们会更加地看重自己的义。

认识到自己已经与基督同死、不再一个负担是一个根基性的真理。在与基督一同复活之后,你便成为了神的财产。祂已接纳你、喜悦你,并且会使用你,通过你而活,通过你说话,通过你去爱人。

我们的人性乃是神的资产。如果希望在为人的生命中荣耀神,那么我们就不能否认神放在我们里面的人性。由于厌恶自己的所想所感,我们便萌生了拒绝自己人性的想法,然而它在神的计划中是不可或缺的一环,否则我们用什么来彰显祂呢?通过我们的人性来表达祂自己是神的设计,因此弃绝它并非问题的解决之道。

人的灵与神之圣灵的联合需要一个表达自己的渠道,我们的魂与体就是神用以表达这个联合的途径。可想而知,我们的人性在其中扮演着关键的角色。感觉和思想必须参与到这个过程中,否则我们就无法成为真正的彰显者。

电波的传递很好地诠释了这个真理。除非你住在外蒙古(可能那里也不例外),此时此刻一定有各种各样的电台节目在你周围广播。但是如果没有打开收音机,就什么也听不到。你家中或车上的收音机就是这些广播用以彰显自己的渠道。圣灵也像是一个广播节目。它在那里,但是如果没有一个可以接收和表达的载体,就不会有触点,它也不能被表达出来。你——你的人性——就是神使用的触点。

神已与你联合成为一灵,这是绝对的、根基性的真理。然而神要通过全部的你来表达祂自己。灵、魂和身体都是祂的表达介质。如果没有身体,连说话都是不可能的。在说话时,你的整个人都要参与其中:头脑、情感、意志、口腔、声带。我们是完整的人,所以需要用全人来表达祂。神对我们说:"我要活在你里面,别人看到的是你,但你知道那是我的生命。"

也就说,我们可以不再将自己视为负担,不用再认为自己必须经历更多的属灵转变才可以成为神的**资产**。如果**继续**关注外在，我们就会认为，**祂**还不可以使用我。将注意力放在基督活在我们里面的事实上，我们就可以摒弃"自己是**负担**"的想法，开始把自己**视为**神的**资产**。

如果我们已**经**与神联合，那么**祂**就必定要使用我们来表达**祂**自己。（不是**说**我们是不可或缺的，我只是在解**释**神**选择**的运作方式。）所以既然我们是神永恒和**现世**计**划中的一个必要部分，那么我们就不是**负担**，而是神的**资产**。我们的功用就是与那伟大的神**联合**，让**祂**通过卑微的我们来表达**祂**自己。我们是器皿，是承载神生命的容器。但我们不是那皿中的宝贝，神才是。我们不能制造出**祂**的生命，只能将它表达出来。

你想知道一个器皿**试图**成为其盛装的内容会是什么样子**吗**？咬下一**块**泡沫塑料杯子然后嚼上几口**试试**吧。那味道不会太好。当一个器皿**试图**将自己而不是它盛装的内容交给别人时，结果也是**这样**。杯子同柠檬汁、咖啡或可乐相比，味道差远了。如果我们开始咀嚼外在的事物，**试图**在里面找到永恒，**结果**也会是**这样**。

保**罗**在解**释**我们是神的**资产时**这样说："我们有**这**宝贝放在瓦器里，要显明**这**莫大的能力，是出于神，不是出于我们"（《哥林多后**书**》4:7）。

我们只是瓦器，但有宝贝在**这**瓦器中。器皿之美在于其中的宝贝。当器皿**试图**成为其中的宝贝时，挫折就会接踵而至。**这样**看问题时就会意识到，一个**试图**成为自己所盛装之物的瓦器有多么荒**谬**。如果你成了其中的物品，就不会有任何器皿来盛装你了。你不可以同时既是盛装（**显明**）神生命的器皿，又要**试图**成为神的生命。只有**祂**才是那生命，也只有**祂**可以**通过**你活出那生命。

你的永恒目的不是成为杯中的宝贝，而是作好承载的器皿，好让那生命从你涌出。那时你会说："若不看到基督做我就不做，若不听到基督**说**我就不说。我只**说**我从基督那里听到的**话**。"

人们会回答："可是，那看上去就是你，听上去就是你啊。"

因为你知道其**实**那是基督的生命在你里**头**，所以可以回应："**谢谢**您的夸奖。"但是如果不明真相，你会回到家里**欢**呼："**终**于有人肯定我了！**终**于有人看到我是一个基督徒了！**终**于有人看到我的付出啦！"

神说："让我们按照我们的形象造人。"我们不是神的本体，而是那本体的形象，是它的**镜像**和介**质**。我们反映的是**这**器皿中所盛装之神的荣耀和性情。神一直在通过人向世人**显明**自己：起先，**祂**通过神人一体的耶**稣**彰显自己；如今，**祂**在通过我们**这样**做。

我们**这**些瓦器不只是**简单**的陶罐，而是与那位**给**予者美妙**联合**的领受者和表达者。作瓦器是我们原本的命定。即便在人类堕落之后，神最初的**这个**意图也从未改**变过**。**祂**要我们达到一个可以说："我是那不可**见**之神的形象，是**祂**彰显自己的介质。"的境界。

作为与我**联合**之神的领受者和彰显者就是我最高的命定。如果**这**就是我唯一要做的，那么事情并不难办。让我作丹·斯通很容易；但如果**试图**让我成**为**别人，事情就难办了。

十岁那年，家乡一位十八岁的运动员成了我的偶像。他有一个极其怪异的步态。身材矮小的他，步子**迈**得很大，以至于走起路来整个身体会向前倾斜。当我也开始前曲身体、**迈**大步时，爸爸妈妈问我："干嘛要学他走路呢？那不是你啊。那样做很不自然。"之后我恢复了自己的正常步态。**试图**效法偶像、做些不自然的事情并不容易，但是作自己就**简单**多了。同样的，如果我知道自己只需要做好自己——不需要充当生命的源**头**，而只是作一个**让**神的生命彰显出来的介**质**，那么事情就**简单**多了。

作为神的**资产**而活是**轻**省的，它会**给**你一种内在的**轻松**。魂的安息不是指一天二十四小时无所事事地躺在吊床上；它来自于灵里的真实。我们会按照我们的灵已与圣灵联合的事实而活，这两者的结合是为了实现其中那位圣者的旨意。我们会顺从内住的圣灵，祂可以通过我们并作为我们完成那些让祂喜悦的事。在此之前，我们只会试着去做一些自认为可以讨祂喜悦的事，并以此作为自己的奉献。那是一份费力、令人沮丧的工作，而另一种选择则是轻省的。

我已在上文中强调了神如何通过你的新生让我们成为了新造之人，这是一个根基性的坚实真理。但在某种意义上，你依然拥有和从前一样的人性。虽然你的灵是新的，但是在接受基督的那一瞬间你并没有得到一个新的人格。你依然和从前一样，或外向或含蓄，或随性或理智。在此前后，你的人性基本上没有任何变化。但是现在你是否可以接受它了？甚至说，你是否可以引以为傲了？

假如机械师在你的车里安装了一台新的引擎，即便车子的外观还是一样锈迹斑斑，你可以以它为荣吗？是的，你可以。这就是神在对我们说的："如果我愿意在你的车里安上一台新的引擎并引以为傲，你愿意和我一起为之骄傲吗？"

以自己的人性为傲对我们来说是最艰难的功课之一。还有比满足于自己原本的样子更困难的吗？每个人都希望神可以改变自己人性中的某些方面——要么是我们的个性，要么是我们的身体——好让我们至少从自己的角度来看可以为神争光。我们想，神啊，如果你可以把那个问题拿走，我肯定能更多地荣耀你。但在我们入土为安以前，"那个问题"或许会一直跟随我们。

我自己的"那个问题"已经存在很多年了。在接下来的年月里，它很有可能还会一直存在下去。"主啊，你为什么不让我更有耐心呢？如果你把我的这个问题拿走，我肯定能更多地为你争面子。"

当我还在全国各地传道时，有一次我忽然意识到，如果太有耐心，我可能会一辈子都会坐在家里，一事无成，因为我是一个十分懒惰的家伙。要让我自己心满意足并不需要花费太多精力，但是每次在家里待上几周之后我就会感到百无聊赖。例如，在我开车时感受到的焦躁不安——那种让我备受煎熬的躁动，就是神用来催促我上路、去拜访他人、重访某个群体或者和新的一群人分享信息的利器。随着看法的改变，曾经的咒诅现在竟成了祝福。我将自己人性中的这部分交托给了神。

人们可以通过你的不足和缺点找到与你的共鸣，却无法在你的圣洁上找到共鸣。那里的你太过光鲜、从容、完美。但是，他们可以与你的不足之处产生共鸣。

我们会进入一个可以说："主啊，尽管在我的人性里依然还有那个问题，但我仍要为它赞美你。"的境界。你知道我发现了什么吗？一旦我开始为没有耐心感谢神，我就看不到它了。

我不是说它不复存在了，而是说我不会再为它而纠结烦躁了。当我们像祂接受我们一样接受自己时，神就会在我们里面这样工作。

我绝不是要为罪开脱，而是说当我们把注意力从自己身上挪开，不再纠结那些个性中不好的方面，甚至那些反复出现的肉体积习，而是定睛注视那内住的基督时，神就会在我们里面施展祂的工作。当我们注目看耶稣、不再看自己时，我们就会被改变成为祂的形象（《哥林多后书》3:18）。

当圣灵成为我们的主导时，那些在肉体主导期间让我们纠结难放的问题将被神转变成一个个的祝福。原本被我鄙夷的事物现在成了他人生命的祝福；原本被蝗虫吞噬的资财将会被神恢复；那些本为粪土的事物将被神变成有用的堆肥。祂会让它留在原地，直到在我们里面完成了它的使命。然后我们就可以把自己的人性取回了，说："对神而言它已经完美了。如果神想对它做出任何改动，祂会在我里面让我立志行事，成就祂美好的旨意。如果祂想要改变它，那么在我里面开始这善工的神必将完成这工。神必会完成祂开始的工作。"

我不会按照自己的意愿把自己的人性取回;这不是我想要的方式。我花了太长时间才把它除去,不再用它来充当我生命的源头。当你看它已不再是生命的出发点,而是神的生命借以彰显的一个介质时,你就可以将它取回。你可以接受自己的本像,接受自己是神的资产的事实。

最终我们可以说:"主啊,你通过家庭和我经历的各样环境塑造了我外在的人。你就活在这个人格的里面,而且你以一种独特的方式将这个人放在世界上,让他可以吸引一些人来归向你。我并不需要为你吸引所有人;那些你不使用我去吸引的人,你会通过别人来吸引。"

这就是我们可以彼此联络、互为肢体的原因,不是吗?我们被联合成了一个整体。谁也无法吸引到所人。我曾经试图这样做过,但世上有各种各样的水果:橙子、苹果、柠檬,神会使用所有不同的种类。我曾对人们说:"我是一个柠檬。"神通过我的柠檬味道可以吸引来一些人。

认识到自己外在个性中的弱点和缺欠会是某个兄弟、姊妹、男孩、女孩可以与你产生共鸣的纽带,将给你带来一种内在的平安。人们会因为那个弱点与你产生共鸣,进而领受那在你里面的生命。

我们不必成为别人,更不必为了让自己变成不一样的人而屈服于他人。我们可以自由地做自己。

神喜悦通过每个人的与众不同之处来彰显自己的丰富之美。

一年秋天,我在新英格兰住了两个星期。那里绚丽的秋色让我惊讶不已,漫山遍野五颜六色的树叶令人为之心潮澎湃。但是在和基督徒相处中你会发现,大多数人都希望成为一种统一的色彩。他们都希望自己是棕色或者蓝色。我们走到大自然里说:"神真的很美,不是吗?祂给了我们这么多颜色,太棒了!"我们为神造物的丰富多样而心存感恩,但当祂来住在人的里面时我们的态度却与之截然不同。我们说:"你最好规整好自己。你和我们的表现都不一样。"

魔鬼对我们说:"既然神是一位,那么你们所有人也要整齐划一。你们都应该是一个样子。"这是他的诡计。在关键的地方——在我们里面的人和我们的灵里——我们是相同的。我们都照祂的样式被造,并且已与祂成为一灵。但这内在的联合并没有限制我们,而是释放了我们,让我们在外面可以各有不同。保罗认为,这就是基督的身体该有的样子。在教会里有不同的事工,因为神要让人担任不同的角色:使徒、先知、传福音的、牧师或教师。我们不需要去冥思苦想一些自己可以为神做的事,因为神会亲自将各人的角色赐给我们。我们不会千人一面,但所有人都会看到圣灵在我们里面。这就是在坚守耶稣释放我们后赐给我们的自由了。每个人对神的服侍和活动不应该是千篇一律的。

事工的多样性是我们作为神的宝贵资产,让神通过我们以不同方式表达其生命的一个部分。人际关系的多样性也是如此。我们没有必要拥有一模一样的婚姻、友谊和其他关系,而是可以自由地成为不一样的人,因为这些不同之处都是扎根在那内在之人——我们真正的自己之上的。

在最深的生命中,我们都是爱人如己、彼此尊荣、看别人比自己强的人。但是,我们表达这种爱——神之爱——的方式却各有不同。

作为瓦器,我们有不一样的色泽、尺寸、形状、口味、兴趣和热情。然而归根结底,正如我一位朋友所说的:这是神在对我们会心微笑:别人看到的是我们,但我们知道这是基督在我们里面活。我们坦然接受灵里与神的联合,并且知道我们的外在人性乃是神完美的器皿,是神借以触碰这个世界的介质。

要为你的人性、父母、甚至你从他们继承到的种种问题感谢神,因为神使用了他们,将你打磨成了今天这件完美的器皿。为你的不足之处感谢神吧,因为祂要让它们成为别人生命的祝福。取回你的人性,让它成为至高真神的住所。与自己和好。当圣灵让我看到神喜悦住在我里面时,我就不得不接受自己,因为神都已经接受了我。

让自己开始意识到,自己不再是神的负担,而是祂美好的、不可或缺的资产。你是世人得以饮水的器皿,是让这世界看到神之爱与生命的介质。坦然接受这一点,我们就会进入到一个永远忠心的地步。

第四部分

认识神的道路

启示：神的认识之路

几年前，一位朋友和我分享他通过启示最终体验到了自己已与基督同钉十架。

这让我大吃一惊，因为我认识位朋友已经很多年了，而且我们还多次反复地探讨过这些真理。我以为他早已清楚自己已经与基督同钉十架了。但他向我坦言："不，我从未曾真正知道。我谈论过它，但我却不认识它。"

我很感激他的这席话，因为它揭示了认识我们与神之间联合的过程。我花了很多年时间，去往全美各地教导我们与基督的联合。讲课时我会在白板上画一些简单的图案，让听众在脑海中形成可以帮他们理解真理的画面。但是过了一段时间后我发现，头脑中的理解并不等同于灵里的领悟。

这很让人费解，因为西方文明习惯用理性来审视一切。我们会先试着用头脑来理解，之后再让头脑去知会心灵，而不是等待圣灵把真理告知心灵。如果真理在心里面，我们会认识它；如果它在头脑里，我们就只会知道它。要掌握诸如"联合"和"基督在你里面"之类辞藻并不困难，用不了多久你就可以列出一份完整的大纲，与人侃侃而谈。但是知道与认识并不等同。

我们真正认识的关于神的事都来自于圣灵的启示。圣灵的工作是向我们启示神奥密的真相。这些是在那不可见、永恒世界里的奥秘，但作为神的儿女，我们有权利知道它们。然而只有圣灵可以把这些真相告诉我们。在这之前，那些真相似乎都在我们身外。所以我们开始去尽力获取关于它们的知识，以为在获得足够的信息之后，我们就可以产生出属灵的生命。我们藏书无数，想要从字句中获得属灵的生命，仿佛这生命也是一个可以用知识换取的外在事物。当然，我们最终得到的不是生命，而是许多关于它的信息。

不幸的是，积累有关属灵生命的知识与将它活出来的能力之间并无关系；获得知识的多寡与挫败感的深度之间倒是存在着直接的联系。知道某事却缺少把它活出来的能力，就像知道一件好东西的存在却得不到它一样令人沮丧。它总是叫人难以捕捉，就像一根不断在你眼前晃荡的胡萝卜——你不断追寻，却始终无法得到。

圣灵的事，即便知识再多也无法赋予我们行出来的能力。然而我们的心是寻求神的，因此知道越多，想要把它行出来的渴望就越深，所以也会越发努力地去尝试。但是试图通过自己的努力活出基督的生命，就宛如硬要把一块方形的塞子塞进圆形的孔里一样——它们本来就不匹配。基督是唯一可以活出基督徒生命的人，只有祂的生命才可以填住这个孔洞。可是我们依然执迷不悟，试图凭一己之力把它做好，结果收获的只有无比的沮丧。

如果我们试图去做自己力所不能及的事，那么注定是要受挫了。而神任由我们连连受挫乃是出于祂的恩慈。因为神若不让我们经历挫折，直至穷途末路，我们就会以为：我终于学会该怎么做了。

我不再感觉到挫败了。但事实上，我们什么也没有学到。于是祂说："继续按你的计划去做吧，直到你走投无路。等你阅览了所有关于如何变得属灵的基督教文库，穷尽了一切自己的手段之后，你就准备好接受圣灵的教导了。到了那时，你还能转向何处呢？"

若没有从圣灵来的启示知识，就无法去体会并认识那些原本就是属于我们的不可见、永恒的真相。为什么神要让这个过程如此艰难？不要问我！它其实没有那么难，只是因为我们成长在这个可见、暂时的世界里，所以才让那不可见、永恒的事物显得那么复杂。为了让第二个世界成为我们的真实，我们必须忘记和摆脱第一个世界的影响。

这就是神的计划。迫使我们最终去询问那个正确问题的正是在可见世界中的那些挣扎。在意识到问题的焦点并不在于外在的生命之前，我们不会经历到不可见和永恒的真实。而当我们最终意识到那内在的生命才是关键时，圣灵就会把答案告诉我们。属肉体的问题——关注外在的问题，只能得到属肉体的答案。这些答案无一例外，都会让你去完成更多的活动、更多的奉献、更多的委身。回答属肉体问题的属肉体答案就是这样。即便能在短时间内起些作用，它也永远无法带来生命。

圣灵的工作方式则是带我们到一个开始询问属灵问题的境地。这些问题是在绝境中产生的。当你耗尽了自己所有的肉体问题之后，属灵的问题才会出现。而当我们最终开始问属灵的问题时，圣灵就会把答案赐给我们。你会惊讶地发现，一旦问对了问题，答案的出现有多么迅速。因为答案一直就在那里，我们要做的只是赶上祂的脚步——住在我们里面的那位神就是答案。

这就是为什么我们必须屡屡挫败的原因。如果神让我们在肉体中找到了成功，我们就永远不会认识那圣灵的生命。圣灵在我们里面——我们里面确实盛装着那位永活的真神。然而如果不从祂而活，那么在日常的经历中我们就会像仿佛没有祂在我们里面一样去生活。在活出基督徒生命的历程中所经历到的一切失败将迫使我们认识到，祂才是我们的生命。

那么圣灵是如何把答案赐给我们的呢？保罗在写给哥林多教会的第一封信中对此做出了解释。开篇他就谈到了神隐藏的智慧——一个世界不能领悟的奥秘：

"神为爱他的人所预备的，是眼睛未曾看见，耳朵未曾听见，人心也未曾想到的"。(《哥林多前书》2:9)

在这里保罗谈论的并不是将来天堂的美好，而是此时此刻——神在今生今世为我们准备的恩典。接下来他说：

只有神藉着圣灵向我们显明了，因为圣灵参透万事，就是神深奥的事也参透了。(2:10)

我们都想要知道神深奥的事，没有一个基督徒不想更深地认识神。我们可能会因为经历过挫折而不愿意再度进深，但是每一个基督徒都会自然而然地渴望更亲密地认识神，希望神向他显明深奥的事。

除了在人里头的灵，谁知道人的事？像这样，除了神的灵，也没有人知道神的事。(2:11)

你可以把最后一句话改为：除了神没有谁认识神。这把我们放在了一个十分不利的位置上，不是吗？因为如果神不透露，我们就永远不会知道。

所以那真正的"认识者"是谁呢？是神的圣灵。祂不但知道神，还认识祂。"认识"是圣灵的专有词汇，是圣灵的行动，也是人之灵的行动。我们的"认识者"就是我们的灵，然而我们都需要依赖神的灵把认识带给我们，因为只有祂认识神和神深奥的事。

我们所领受的，并不是世上的灵，乃是从神而来的灵，叫我们能知道神开恩赐给我们的事。

(2:12)

神之圣灵在与我们灵的联合中将袍的认识向我们显明，这样我们才能认识。借着袍的启示，我们可以认识神深奥的事。那么，神深奥的事是什么呢？是神已白白赐给我们的事。当圣灵指教我们的时候，我们就会看到，原来基督徒的生命全部都是恩赐。当属肉体的头脑尝试去理解时，总会误以为它是一件我们需要去换取的东西。"知道"意味着需要去换取它；"认识"意味着明白它是白白赐给我们的。

活在"知道"的信息里，就会自然进入一个隔绝的状态中——这当然不是指永恒的隔绝，而是一种认为"神在那上面，我在这下面。我必须努力活出那个生命，兴许袍还会帮助我呢。"的意识。我们为要把生命翻转过来、试图让自己有基督的样式而忙个不停。但是在认识了这个联合后，我们就知道那原来是袍的生命——尽管看起来像我们。认识到基督的所在之后，我们发现在这段生命的旅途中，原来基督要作为我们活出袍的生命。这是件很简单的事——做你自己很容易，不是吗？

对人们来说这是一种威胁，耶稣很清楚这一点。袍说："我认识父，我知道父在哪里，所以我知道父就像我的样子。人看见了我，就是看见了父"（《约翰福音》14:9）。宗教领袖说："这是亵渎。你不能这么说。你需要让自己的生命变得和神一样。守住律法，你的生命就会像神一样。"一个是隔绝，一个是联合。一个是试图换取，一个白白领受。圣灵会将那神白白赐给我们的事物指教给我们。

唯一可以让我们认识神深奥之事的只有神的圣灵，袍是我们唯一的师傅。耶稣对门徒说："只等真理的圣灵来了，袍要引导你们明白（注：原文作"进入"）一切的真理"（《约翰福音》16:13），而且"但保惠师，就是父因我的名所要差来的圣灵，袍要将一切的事指教你们，并且要叫你们想起我对你们所说的一切话"（《约翰福音》14:26）。我们需要依靠他人把真理带给我们。这是圣灵的角色，袍在我们里面作我们的师傅。

在四处传道期间，我的工作是去解释、展示、强调、作器皿，而不是取代圣灵作师傅的位置。因为无论我今天教给你什么，明天就有人可以让你把它摒弃掉。即便我成功让你转变心意，明天别人还能把你的心意再转过去。但是如果神的圣灵改变了你的心意，你就在那个真理里被建立了。

例如，每个信徒都有"我们的罪已被赦免"的属灵认识。这不是一种情感上的认识，甚至不是一个对事实的了解——即记得在过去的某一天我们接受了耶稣基督作为救主。属灵的认识超越了这一点。我们之所以拥有自己的罪已经被赦免的内在认识，是因为圣灵将它启示给了我们。神想要以同样的方式让我们认识到，我们已经与基督同钉十字架，现在活着的不再是我们，而是基督在我们里面活着。这就是圣灵的工作：让我们成为一个认识者，而不是一个感受者、思考者或者期盼者。

认识不是感受，也不是思考。对一个还没有经历到个中差别的人而言，认识似乎是基于感受和思想的，然而事实并非如此。在认识里，你和你所认识的合而为一了：你会与你所认识的事物发生融合或联合。

圣灵通过启示和经历教导我们。袍的启示可以即刻、直接地发生，无需借助任何正式的教导。我们会惊叹："哦，我明白了。"接着圣灵就会使用可见、暂时世界中的经历将这个启示融会到我们生命中。通过这些个人的经历，这个启示就会建立在我们里面。

有些人很难理解这一点，因为他们会把"师傅"这个词与传递知识的教室联系在一起。圣灵的教导是一种体验式的教导。当然学习知识是必要的，但我在这里讲的是把我们与所学之物融为一体的过程。通过体验式的教导，我们就与真理成为了一体。

圣经中的"认识"一词将"体验式的认识"这个概念体现得淋漓尽致。在希腊语和希伯来语中，"认识"这个词都是指体验式的领悟和与之成为一体。当圣经说"亚当与他的妻子同房"（"同房"原文是"认识")时,它指的不是一个发生在理性层面的事件,而是指亚当经历了与妻子的合一。这就是认识的真正含义。你不会再对所认识的事情有任何顾虑了,因为你已经与它们融合在一起。你和你所认识的成为了一体。

在自然的层面上,我记得在学习高中代数时有过类似的经历。一开始代数让我完全摸不着头脑。我会去做那些古怪的习题,然后马上翻看书后面的参考答案。有些题我答对了,但我不知道为什么。它们对我来说仿佛天书。然而有一天,那遮蔽我"代数之眼"的鳞片掉落了,我立刻恍然大悟,说:"哦,我明白了!我知道为什么要把这个放在这里、把那个放在那里,还有为什么要把那个符号改了。我都懂了。"从此以后我就可以轻松做题,代数不再让我望而生畏了。此前我一直在挣扎、尝试和努力,而现在我安心了,因为我已与代数"合一"。当然我们不需要圣灵的启示才能完成代数题,但是,这和属灵世界的道理是相通的。

当神给你洞见的亮光时,一切都会变得明朗。你会说:"哦,我明白了!"从那一刻起,剩下的一切都被那道光照亮。一旦你认识了,在那个领域里你就会不再一样。你不需要下意识地去努力回到圣灵给你的启示中。这就是为什么在圣灵真正给了你关于某个领域的洞见之后,你会很难在其中继续犯罪下去的原因。想要忘却真理是很难的。真理给人自由。

我一直偏爱意识到这个词胜过成长这个词,因为这才是真正发生在我们身上的事。我们的意识被拓展了,更多地意识到谁才是我们的生命,也越来越多地看到祂。不是越来越多地知道关于祂的事,而是越来越多地看见祂。祂就是平安、喜乐、生命,祂就是爱。

在看到这一点之前,我们会不断地要求神:"给我点什么吧。给我。给我。给我。"但是当那洞见来临时(它不一定必须是忽然出现的,虽然对我而言往往如此),我们就会说:"哦,我明白了。我已经拥有了生命。我已经拥有了祂。"

当神赐启示给你的灵时,你的魂常常会说:"这不可能。"但你的灵会说:"是的,就是这样。"启示并非发生在头脑的层面,神在我们的灵里启示祂自己。祂说:"是的,这些绝对真理是真实的。当你开始活在我的真实里时,你就会开始说:'我是'。而在此之前你会说:'我正在成为'、'我想要成为'或者'我希望我是'。"

有多少次,你曾说:"我希望变成……我要是那样就好了。兴许有一天可以。"然而神在祂的宝座上对你呐喊:"你是了!你是了!"从真正看到基督是我们生命的那一刻起,时间对我们而言已不再是一个决定性因素。一切都变成了现在,我们活在了神的现在时里。祂不是"要成为";祂本来就是。你不是"要成为";你本来就是。你将会活在"我是"而不是"我将成为"的境界里。

圣灵——我们的师傅,有一个独到之处,那就是祂有时间作我们每个人的私人教师。祂没有一个适合所有人的通用课程,而是会按照各人的经历、需要和渴望给我们安排量身定制的课程。所以如果我对你说"祂是这样教导我的",其实对你毫无价值,因为极有可能祂从来不这样教导你。祂会以独有的方式带领你,和教导我的方式一样真实、可靠。我们在可见、暂时世界里的人生经历就是祂的讲堂。

好消息是,神掌控着整个过程:什么时候发生,以及发生在谁身上。祂选择的不是世界体系中的通达人,而是对我们这些平民百姓启示祂自己:

那时,耶稣说:"父啊,天地的主,我感谢你!因为你将这些事向聪明通达人就藏起来,向婴孩就显出来。父啊,是的,因为你的美意本是如此。"(《马太福音》11:25-26)

神做的这件事很奇特,但是保罗理解了其中的奥秘。他告诉哥林多人,神拣选了世上愚拙的,是为了叫有智慧的羞愧。保罗说,看看你自己,按照世界的标准,你根本不算什么。你不是世上最有智慧、最聪明的人,也不算是个有能力的人,但是神选择了你。

所有的启示都是按照神的心意和祂自己的时间赐下的,时机非常重要。在神解决问题之前,你可能需要先遇到问题。你或许已经急不可耐地想要让神把问题解决了,但是神可能告诉你:"你的问题还不够严重。现在就回应你,就好像在作物未熟之前进行收割一样。你不会达到真正的成熟。"神会以祂的方式,按照祂的时间赐下启示。

"只等真理的圣灵来了,祂要引导你们明白(译注:原文作"进入")一切的真理,因为祂不是凭自己说的,乃是把祂所听见的都说出来,并要把将来的事告诉你们。祂要荣耀我,因为祂要将受于我的告诉你们。凡父所有的,都是我的,所以我说,祂要将受于我的告诉你们。"(《约翰福音》16:13-15)

圣灵的工作就是将住在我们里面圣父和圣子启示给我们。圣灵不张扬自己,不求自己的荣耀,不会去强调那些圣灵的果子或恩赐。圣灵不会把祂自己独立突显出来,因为祂不是一切的源头,而是一个将圣父和圣子的生命显明出来的渠道。祂想让我们知道,我们是圣父和圣子生命的彰显者。这就是祂启示的内容。

我们如何来配合神给我们的启示呢?赞同祂。无论是在你的灵获得了关于某事的启示之后,还是当你在神的话语里读到了一个真理并意识到它还没有建立在你生命中时,你需要做的只是赞同祂。认识始终离不开相信。有时,在获得了一个启示之后我们会有超然的认识;有时在真正认识之前,我们必须首先选择相信。我们需要先凭着信心领受,之后认识才会来临。

到了最后,我不得不说:"主啊,我已厌倦和你唱反调了。我厌倦了当你通过圣灵和你的话语告诉我某些事时,我回应你说:'它们不是真的。'这样做的后果只有内在的不满和不安。我厌倦了过山车式的基督教信仰:忽上忽下,忽冷忽热。主啊,我要做一件对我来说疯狂的事——我要赞同你。我要相信三件事,尽管在我生命中它们不像是真的。"

我对神说:"你在《罗马书》8章1节中说:'不定罪了。'我一直在坚持还有定罪。现在我要赞同你:如今那些在基督耶稣里的就不定罪了。我已在基督耶稣里,所以在我身上已经没有任何定罪了。在今后的道路中,我也不再接受在任何事上对我的定罪。让我们看看会有什么事情发生吧。"

第二件事:没有隔绝。我说:"主啊,这么多年来我体会到的只有隔绝。我确实与你经历过一些亲近,但这亲近中还是有距离,还是有各种不同程度的隔绝感存在。但是你说我们之间没有隔绝了。我要赞同你:在你我之间不再有任何分隔的可能。如果我真的已与你联合,如果你真的在通过我显明你自己,那么我们之间已经没有隔绝了。我赞同你。"

最后一件事:神让万事互相效力成为美好。我曾说:"怎么可能呢?我一辈子都在说,万事不会互相效力成为美好。但是如果你说是这样的,那么我要赞同你。对我而言,万事会互相效力成为美好。"

发生什么了?我只是在注目看神。结果祂突破了我头脑中的防御,用爱触碰了我的灵;而灵总会取胜。

到最后,我们的认识到了什么程度,就会活出什么样子。在礼拜天我们可以高谈阔论,给别人营造一个敬虔爱神的假象;但周一起床之后,我们还会照着自己的认识程度来生活。要超越自己认识的程度行事为人,在实践中是不可能的。在猝不及防之时,你会发现哪些是我真正的认识,哪些只是纸上谈兵。我的生命会把它们显露无遗。

我们拥有特权,可以认识神所认识的。但这个世界并不认识神的智慧。它无法知道,因为智慧并非知识的堆积。用保罗给以弗所人书信中的话来解释:智慧是关于神的知识的启示。那就是神赐予我们灵的启示再加上对这个启示的经历。真正让我们成为认识者的就是启示的经历。

首先我们领受到一个启示,接着就会经历到这个启示。圣灵将使它渗入我们里面,让我们与它合为一体。祂会通过这个可见、暂时世界中的喧闹和混乱——我们周围的世界、我们的身体以及我们的魂——做到这一点。这一切都会迫使我们回到认识中,回到真正的自己里,回到"如今活着的不再是我,乃是基督在我里面活"。

那真正的生命就在其中。那真正的认识就在其中。我们的命定就是要认识祂,让祂可以通过我们活出来,通过我们、作为我们来表达祂自己。这样耶稣在《约翰福音》4章14节中说的话就会得到应验:我们将成为"活水的泉源,直涌到永生"。

单一的眼目

多 年以前,在我还没有医疗保险时,我的胆囊出了问题,最后医生不得不将它摘除。而这个手术花了我将近一万美元。现金!

结果一次入院就把我多年积攒的小金库完全清零。于是我对主说:"好吧,主啊。我知道自己是个吝啬的家伙,你也知道我吝啬。既然这样,为什么还要让这样的事情发生呢?如果是为了揭露我的吝啬,你大可不必这样大动干戈。为什么让我经历这些事呢?"

没过多久,当我从教会开车回家时,神在我里面给了我一句话。祂说:"你知道吗,你可以很容易接受我是你的供应源泉这个事实。"

"是的。"我回答。

但是祂说:"但你还保留了一点可见、暂时的安全保障。你的眼睛虽然没有多少偏移,但是你已经开始把那个小金库、以及你可以往里面添加财富的能力看成了你的安全保障。"于是我回到家提醒自己:是神为我把那笔钱存到了银行里。那段时间我已经买了马上需要用到的三张机票,然后才做了手术。我无需借钱就把医院的账单清了,计划要做的事一件也没有受到影响。神告诉我:"丹,我不单是你的源泉,还是你的保障。那笔钱不是你的保障,我才是。"

这一点虽然我早已知晓,但从来没有在实践中检验过它。在神那里寻求这件事发生的原因时我看到,除了往小金库里面存钱以外,再没有什么可以让我这个吝啬先生感到激动的了。但对于那个小金库神还有别的打算——祂要教我一个功课:"我才是你的保障。"

我现在之所以可以轻松分享这个故事并且一笑了之,是因为我做了一个选择。我本可以选择只去看外在的表象,依然为丢掉的钱而愤慨懊恼;或者也可以选择去查验神在这件事情上的旨意。我选择了后者,于是现在我拥有的是欢笑而不是苦毒。此刻我也比从前更加深切地知道,祂才是我的保障。

我们生命中发生的每一件事都有神的旨意。如果不愿意,我们大可不必去探究祂的旨意是什么。但这样我们经历和收获的就只有外在的事件——比如痛失血汗钱后的愤怒。

老实说,我巴不得神不要总是给我财政方面的功课。然而正因为那是我的致命弱点,所以神才会更多地使用我生命中的经历来对付这个问题。

重点是,现在神已经是我的生命了。基督徒生命的奥秘在于:让祂的生命从你活出来。基于这个道理,我们必须从一个超自然的视角来看待自然世界中发生在我们身上的事件,即从不可见、永恒的视角来查看那些可见、暂时的事件。这样我们就会发现神在一个环境中的旨意是什么。

如果没有一个具体的事件发生,神就不可能将我的注意力转移到财政方面,让我和祂一起关注这个领域。生活中必须发生一些吸引我们眼球的事件,才会叫我们停下脚步,聚焦在某个领域上。而这些迫使我们驻足观看的,往往都是那些被我们厌弃的事件。一般而言,我们不会停下脚步审视那些美好的事物。相反,能引起我们注意的往往是那些戳到自己软肋的事件。我将通过环境看到神的旨意称为"单一的眼目"。耶稣说:

"眼睛就是身上的灯。你的眼睛若亮了(译注:英文钦定版此处译为'若单一了'),全身就光明;你的眼睛若昏花(译注:英文钦定版此处译为'邪恶'),全身就黑暗。你里头的光若黑暗了,那黑暗是何等大呢!"(《马太福音》6:22-23)

在《英文钦定版圣经(KJV)》中被译为"单一"的这个词,在现代的圣经译本中常被译为"健康"、"好"或"亮"。这些译文并没有错,只是它们失去了钦定本用"单一"来翻译这个希腊词时所抓住的蕴意。单一的眼目是健康的,一目两视就属邪恶了。在《雅各书》1章8节里,我们也看到了同样的概念。心怀二意的人并不稳固。相比之下,一心一意就是健康的。我们需要单一的眼目,是什么意思呢?

它意味着我们不把自己的所见和所想,即事物外在的表象和我们人的判断,视为绝对。无可非议,在遇到一件事或一个人时,我们首先只能看到表象,这是我们获取外在信息的方式。但是我们要把这些信息带到神与我们的联合之处——我们的灵里。在这个联合中,无论事物的表象如何,它们的根源和存在都在于神。

分界线下方是一个充满对立的世界:美好和邪恶、怡人和悲哀、合适和不当。这是分别善恶树的世界,但我们却要透过美善和邪恶看到神。在一瞬之间,我们要超越对立的事物,单单看到神的心意。一目两视的人是不稳固或邪恶的,因为他们只能看到分界线下方的表象,因而无法知晓全部的真相。相反,如果我们透过表象、用单一的眼目定睛看神,那么就可以看到全部的真相。

眼目单一就是要靠着那内住的神而活,用祂的心智去思考(《哥林多前书》2:16)。在我们的灵里除了神我们看不到别人。我们可以透过悲伤和邪恶看到神,正如可以透过快乐和美善看到神一样。

若只活在分界线以下,我们的灵对神就是死的。我们所见的只有那对立的法则:美好和邪恶、甘甜和苦涩、光明和黑暗。然而我们是从神生的。当我们单单在神里面时,我们就只会在生命中看到神。不是撒旦,而是神。我们会看到神利用撒旦来达成祂的旨意。所见的不再是两个,而只是一个。耶稣说:"清心的人有福了,因为他们必得见神"(《马太福音》5:8)。"清"是指"没有掺杂",你的眼中只有神。你的清洁让你无法看到邪恶,所以你所见的只有神。

在这个可见、暂时的世界里,我们是幸运的一群人。因为通过信心的眼睛,我们被赋予了透过神的眼光来看待生命的特权。我们看到,祂在使用万事万物救赎和充满我们以及他人的生命。神可以使用我们生命中的每一件事,或把我们带到祂身边,或让祂的荣耀得以显现——让他人透过我们对待环境的方式看到神的真实。

事件的致因是神还是魔鬼是神学界一直在争论的话题。虽不愿意卷入其中,但身为牧师,我会不时被拉进辩论里。但我们不能让这个"谁导致了什么"的争论耗费掉我们的精力。今天我们是可以投票选择某件事的致因是撒旦还是神,然而这毫无意义——最后得到的只不过是一个投票结果而已。

搞清楚谁导致了什么并不那么重要。真正重要的是:我如何领受这件事?因为如果我通过神来领受它,那么就会从中结出积极正面的果子。相反,如果我不通过神来领受它,而是把它归咎于撒旦或他人,那么结果就会大相径庭,我可能只会更深地陷入到挫败、抑郁之中,直到看到神在这件事情里的旨意。我不想把我的胆囊事件归咎于撒旦，因为我不愿错失神在这个环境中为我预备的祝福。

我并非倡导魔鬼不存在，也不是否认疾病是人堕落的结果。这两点都是事实。如果这就是你看到的层面，那也没有什么错。但我相信，神想要的是一群能够超越这个境界的人。是的，在一个层面上我们必须对付魔鬼，但是，在另一个层面上，我们又必须超越这一点，开始以耶稣在客西马尼园面对邪恶的方式来面对自己的经历："我可以不喝父的杯吗？"注意，祂说的是父的杯。

在可见、暂时的世界里，摆在祂面前的那杯明明是从恶者而来。然而耶稣不这样看。对祂来说，把这杯撤走才是真正的诱惑。按照表象去看待和经历生命始终会是我们需要面对的一个诱惑。但在那里，我们不会获得任何胜利。对于已向神表明要与祂同行、单单去认识祂的人来说，胜利就在于超越人的境况，走出事物的表象和自我的感受，凭着信心看到神在其中的工作和祂对我们的旨意。

对那些已经认识到这一点的人来说，我们能做的就是对那些身处困境、无法看到神工作的人们解释这个真理。我们知道在这些环境里有祂看不见的手在工作，因此我们可以给这些人带去鼓励。许多时候信徒都没有看到，其实神在使用他们的经历将他们真正想要的赐给他们：祂自己。

我们这些已经熟知神做事方式的人可以给予他人实际的支持，解释神在这些环境中的旨意。我们可以和他们站在一起，说："你知道吗，这不是失败。虽然你感到痛苦，但它并不是失败。这只是神工作的一部分，为的是要在把你真正想要的显现出来。"这段充满盼望的话语拥有不可思议的吸引力。

在许多人的讲道中，我常常会听到这个信息，然而他们往往不是真心实意的。因为对于很多人来说，除非一切都欣欣向荣，否则神就不是真正在工作。他们会在口上说到神是怎样通过患难来工作的，但不会真心希望神通过患难在他们身上工作。他们真正相信的是，万事顺利就是神在工作，这时他们会说："祂在其中！"

但是我们需要把那些糟糕、丑陋的事以及患难、试炼和苦难都视为神权柄的一部分，因为它们也是神工作的平台。我们现在不是在争辩究竟是罪魁祸首，而是在讨论谁会去使用这些事。

我很喜欢我的牧师曾说过的一句话："基督徒需要50/20的眼力。"他指的是《创世纪》50章20节，在那里约瑟这样评论兄长们对他的伤害："从前你们的意思是要害我，但神的意思原是好的。"我们都需要这个50/20的眼力。多数人只停留在："看着不好，感觉也不好，所以这是件坏事。就这么简单。"他们知道的全部就是这些。他们会生气、苦毒——因为只看到了外在的糟糕环境。然而50/20的眼力告诉我们："神的意思原是好的。"

如果认定事情都是魔鬼所为，那在其中就不会有任何好消息存在。然而，如果知道神要用这事成就美好，那就另当别论了。神在这件事上另有一个旨意。祂是活神，祂在行动，在使用你生命中的环境成就美事。

对已经获得这个认识的人来说，里面那个不可见、永恒的世界会比外在可见、暂时的世界更加亲切。可见、暂时的世界说："是的，我可以认定这是魔鬼做的，那是神做的。我可以分辨出哪个是哪个。"这是一种外在的视角。

我们不该离开这可见、暂时的世界，因为这是我们为神做见证的地方。生命的事工实现于你在这暂时世界中做自己的过程中。然而神想要的是许许多多可以见祂所见、识祂所识的儿女。属灵的成年人认识天父的生命，知道天父的工作方式。他们和耶利米一样明白，无论事物的表象是好是坏，我们都需要从神那里领受，因为一切都是出于神的。

我是说神是邪恶的源头吗？断然不是。而是说神出于祂的主权，甚至可以使用邪恶在我们生命中、在这个世界里成就祂的旨意。有时我会这样来解释:"祂在其中,祂在使用,但这事并非神的公义。"一件事情或许不是神公义的表达,但神依然在其中,依然会使用它成就美好。

在圣经中,我们可以反复地看到这一点。耶利米记录了公元前586年,犹大被举国掳到巴比伦的事件。神在这件事里,它是神的旨意,然而犹太人被掳并不是因为他们彰显了神的公义。如果是那样,他们就不会遭掳掠了。然而,神还是在其中。神亲口说:尼布甲尼撒是"我的仆人","居鲁士(波斯王)是我的受膏者"。在极负面的一个例子里,神曾宣告:"法老是我的"。法老和神的公义毫不沾边,但神在那个环境中,而法老的行为也在祂的旨意里。所以神在万事中,祂让万事发生,但万事并非都来自于神。

只有当你愿意突破撒旦的限制,把生命中发生的事都摆在天父脚前时,你才能得到真正的平安。我不是说你不会得到问题的解决,因为神确实可以救你脱离困境。但是我注意到,当人们说:"神救我脱离了这事"或者"神救某某某脱离了那事"时,他们头脑中接下来想到的就是魔鬼。一切都是魔鬼的错。魔鬼实在可恨,但神已经得胜了!倘若魔鬼还不知道这一点,你我自己应该是心知肚明的。我们见证过神曾怎样利用魔鬼自己的诡计和谎言,让他一败涂地。魔鬼的伎俩在神面前不过是粪土,但神能使其中长出美丽的花草来;我们也为此赞美称颂神。

我们生命中都有一些神为了我们的成长而牺牲的人、关系或者事物——我将它们称为我们的"羔羊"。如果没有献出这些羔羊,我们就不会知道大多数的属灵真理。忤逆的孩子、破碎的婚姻、丢掉的工作——这些就是我们的羔羊。我不为在这些事中牵涉到的罪开脱,但是我要告诉你,如果神是你生命中的唯一,如果祂是你生命中万事万物的主宰,那么你最终会不得不说:"谢谢你,耶稣。谢谢你,耶稣。通过这个环境,我更多地认识了你,而认识你就是生命。它令我痛苦,但是通过它我认识了你。"

神回答:"为要认识你,我也承受了痛苦。为要可以进入你的生命并住在你里面,我承受了巨大的痛楚。也许你遭遇了苦待、被人忽略、嘲笑或者受到了不公的待遇,可是为了进入你的生命、与你联合,我付出了我的生命。"我们有一位多么伟大的神啊!

有时候,我们的羔羊是痛失爱人。我将妻子芭芭拉的过世径直带到了天父的脚前,并借用了一位宝贵女士的话来回应祂——这是在她因车祸丧生的十七岁儿子的葬礼上,当我结束讲道后她说的一段话。她站起身来告诉在场的众人:"我的儿子度过了神为他预定的人生中的每一天。"这样的认识是否立刻可以消除作为母亲的痛楚?当然不是。然而她的这席话是真实的。

芭芭拉死后我也可以说:"我的芭芭拉度过了神为她预定的人生中的每一天。她活得荣耀、美丽、简单、满有信心。她是我所认识心灵最纯净的人。"

不管你的伤痛是什么,你都应该把它带到天父面前,摆在祂的脚前,这样神就会赐给你魂里的安息。我活在灵里,而当我决定要悲痛一会儿时,我就会下到魂的层面去想念芭芭拉,为神感谢她。我希望她能在我身边,和我躺在床上,彼此依偎。我希望和她一起外出就餐。在这样缅怀一段时间之后,我会再回到灵里,说:"神啊,万事都是出于你的。我很享受这个短暂的缅怀,这对我的魂非常重要。但我是一个属灵的生命,对我来说一切皆是美善的。"

我魂里的旱季会变成为他人的绿洲。神会带领我们走过这些干旱的季节,之后祂要在他人的生命中使用这些经历。我们需要在旱季里准备好自己的见证,以便在日后,在向别人讲述这段历程,诉说神如何带我们走出干旱时,人们可以领受到那在我们里头的生命,和我们产生共鸣。他们不会被我们的自义触动,因为没有人可以对自义感同身受;我们的自义只会使他人感到渺小。更为重要的是,自义,即通过自我努力而获得的"圣洁"并不是真正的生命。而当你向人们讲述你在旷野深处的经历以及神的信实时,那真正的生命就会从你流出。

可能我们每个人都会在很长时间里徘徊于旷野之中;我不喜欢这些时候。但是,等再次经历到这样的季节时,我们可以相信,它们会和从前一样实现其在我们生命中的功用。

人们常常对我说,他们可以回想过去,在过往的环境中看到神的工作,然而却很难在当前的环境里看到祂的同在。我的回应是:"等一等。你刚刚是在说那位曾经带你走过种种艰难、领你到今天这个地步的神吗?难道祂不也会在明天、后天伴随在你身边吗?当然会!既然神掌管过去,祂不也同样掌管现在吗?"

他们必须表示赞同。这样他们就可以说:"神啊,你曾在那个旷野、那个伤痛、那个心碎中与我同在,你使用了这些事情把我带到了今天的地步。毋庸置疑,我可以相信你要带领我走过现在以及未来许多的旷野,因为你会不断地准备我,让我可以去体恤他人的痛楚。"耶稣忍受苦难的目的就是为了能够体恤我们(《希伯来书》2:9-18);神在我们身上也会做同样的事,因为我们原本就是要为他人而活。我们需要知道神在我们里面是为了祝福他人。

行在与神的联合中后,遇事之时你不会再将它们划分为美好或者邪恶。也许你会不时偏离这个基调,但是总体而言,你已经不再那样看待事物了。你生命的经历都是从神而来的经历;你生命的环境都是从神而来的环境。你会用单一的眼目去看。无论事物的外在表象如何,你都会在生命的所有境况中看到那位掌权的、爱我们的神。在你生命的深处,你将对祂的爱做出回应,因为你已与祂合而为一。

恩典的统治

⚜

在南佛罗里达州生活期间,妻子曾为一位女士工作过一段时间。这位女士的生活当时正处在崩塌的边缘,在和我的一位朋友谈话后,她接受了耶稣。有一天,我把格拉布写的《万事的关键》(The Key to Everything, Norman Grubb)带去送给她看,并对她说:"如果主带领你,就读一读这本书吧。如果祂只带领你读一页,那就读一页。要是你想找个人谈一谈,可以给我打电话。"

谈话间我告诉她:"你已经有了一切。那天晚上你已经信了基督,除此以外神不能再为你做任何事了,祂也没有其他什么可以再给你的。因为祂已经把自己给了你。"

她开始问:"如果我决定要虔诚信教——"

"哦,千万不要。"我说,"看在神的份上,千万不要虔诚信教。"我不想让她走上弯路。"我们来谈生命吧,不要谈宗教。"

对于我们很多人来说,活出基督徒的生命和找到基督一样困难,有时甚至更难。为什么?现在我们里面已经有了基督,生活不是应该更加容易吗?

但事实是,我们的把事情复杂化了。我们试图去做成为基督徒后本该自然发生的一件事,哪知却让事情变得复杂不堪。我们试图守住神的律法,哪知若要通过自己的努力恪守律法,反而会妨碍我们经历到基督的丰盛生命。因为神对我们的旨意与流行的教导恰恰相反。

保罗在写给加拉太人的书信中就曾探讨了这个律法的问题。在写这封信前,保罗已经去过一次加拉太,并亲自把福音传给了那里的人。他在信中说:"我为你们再受生产之苦,直等到基督成形在你们心里"(4:19)。

此前保罗已经向他们传讲了基督的福音——神为他们的罪死在十架上。但是即便他已经讲明基督在他们里面的信息,这信息却还没有在加拉太人心里扎根。他们可能已经听过他的教导,但还没有得到圣灵的启示。所以保罗说:"此刻我正在经历当我要在基督里生你们时的那种产痛——现在我要在'基督在你里面'的真理里生你们。"他要让他们知道,基督在他们里面,成了有荣耀的盼望(《歌罗西书》1:27)。或者用《加拉太书》2章20节的话来说:"我活着,但不是我,而是基督在我里面活。我想让你们知道,基督活在你们里面。"

不过,在保罗的肉身里还有一些顽梗的刺,那就是犹太党的人。他们会截获保罗的行程安排,并在他离开一个地方一段时间后出现,教唆那里的人们单凭信耶稣基督是不够的。"你们需要律法,"他们宣告,"你们必须遵守律法。你们需要去做一些外在的事。不能只是说:'耶稣基督已经涂抹了我的罪,我可以相信耶稣基督是我的引导,是我的生命。'你们不能走上那个极端;那是很危险的。你们必须把律法和祂一并接受了。"

这话听起来很合逻辑,不是吗?毕竟,这是神自己的律法,所以我们知道它是好的。那么为什么不可以把律法和恩典一起传给加拉太人呢?保罗本可以说:"这未尝不好。我很高兴有这么一群人出现,勉励你们遵守律法。"

然而他没有这样说。他给加拉太人讲了一个故事。

多年前,当保罗还在安提阿时,彼得从耶路撒冷来拜访他们。当然,彼得所在的耶路撒冷教会里百分之九十九点九的成员都是犹太人。此前彼得领受过一个神的异象(《使徒行传》10章),所以他知道福音也是传给外邦人的。然而他并未完全明白福音不能和律法掺在一起的道理。

记住,当保罗写到律法时,他指的不单是旧约中的仪式和公民法则,而是整个旧约的律法体系,特别是在十诫中归结出来的道德律。当他对罗马教会解释他们已经向着律法死了时(7:1-7),他用到了十诫中的第十条诫命:"不可贪恋"作为例子。

所以在安提阿,当彼得和非犹太信徒正在团契交通时,有犹太信徒从耶路撒冷赶来。彼得见况退到了一旁,不再与外邦人同席。之后保罗当众指出了他的错误:

"我们这生来的犹太人,不是外邦的罪人,既知道人称义【与神和好】不是因行律法,乃是因信耶稣基督,连我们也信了基督耶稣,使我们因信基督称义,不因行律法称义,因为凡有血气的,没有一人因行律法称义。"(《加拉太书》2:15-16)

保罗说:"你看,彼得,在见到基督以前,我们都活在律法里面。但是我们遇见了基督,并通过祂获得了生命。现在我们要怎么做呢?要把那些我们自己已经摆脱的负担再加在这些人身上吗?你要他们遵守律法就等同于这个意思。"

和彼得一样,加拉太人又把自己放在了律法之下。对此保罗同样义愤填膺:

无知的加拉抬人哪......谁又迷惑了你们呢?......你们受了圣灵,是因行律法呢?是因听信福音呢?你们既靠圣灵入门,如今还靠肉身成全吗?你们是这样的无知吗?(3:1-3)

他的言下之意是什么?律法和恩典这两种生活方式是彼此的死对头。宗教坚持说:"不,不是这样。它们可以并行不悖,就像密苏里河和俄亥俄河汇流成了密西西比河一样。"

我发现,在我接触过的所有机构性宗教里都存在着这样的思想。然而保罗说:"不,它们永远无法融和,自始至终它们都是彼此的死敌,永远不能调解。你绝不能把它们放在一起。加拉太人,你们必须做出选择:你们要活在律法之下还是恩典之下?"

保罗没有说如果他们回到律法之下就会失去救恩,而是告诉他们:"回到律法之下,就等于放弃恩典之路。如果你选择了律法,那么问题是:你永远无法守住全部的律法(见《加拉太书》3:10-14)。"

人不能挑出几条自己喜欢的律法去遵守,我从前也是这样做的。我给自己挑几条摩西的律法、几条登山宝训的律法、几条浸信会的律法、几条我自己的律法、还有几条我觉得自己至少有时可以守住的律法去遵守。我没有把律法和恩典视为彼此的死敌,也没有看到人不能同时活在两者之下。

当时虔诚信教在我看来是合乎情理的一件事。作一个外在的基督徒,恪守外在的规矩对我来说合情合理。除此以外我不知道该做什么,因为我一直就是个外在的人。你不也是这样吗?我们自小到大都是外在的人,从与他人的关系、外在事物和那些定义我们的事件中寻找自己的身份。这就是为什么在成为新信徒之后,我们非常容易去寻问诸如:"我应该怎么做?"这类外在问题的原因。

像我对南佛罗里达州的那位女士说的那样:"让我们不要谈宗教,来谈谈生命吧。宗教是律法试图成为生命,而生命就是生命。它们不能相互掺杂。"

在律法中没有生命。律法唯一可以告诉你的就是应该做什么,但可惜你做不到。它永远不会停止要求你该怎样去做,因为那些是神的要求;毕竟,当初摩西是从神那里领受的律法。

在学会从内住的神活出来以前,我们会一直把自己放在神的要求以及由此而来的定罪和死亡之下(《哥林多后书》3章)。因为我们的肉体始终不愿承认:"我做不到。我不能通过自己的努力守住律法。"它总是想说:"我想尽力去做,借着神的帮助或许我可以做到。"就好像我的好友罗森伯格(Burt Rosenberg)所说的:那套程序中的一切都是为带来徒劳、挫折和失败而设计的。但是他们不会在一开始就把这事告诉你,不是吗?当你加入的时候,没人会宣布说:

我们这里有一套绝好的项目,它会带给你徒劳、挫折和失败的结局!在你完成全部课程之后,我们会向你颁发一个证书,上面用大字印着:

"恭喜你,你失败了!"

我记得有一次在讲道中我向与会的人宣布:"我们已经成功了!在什么事情上?在失败上!"每个人都笑了。因为我们终于意识到,自己已经成功完成了自己该做的一件事——那就是失败。"所有人都告诉我们,我们在该做成的事情上失败了。但事实是我们成功了,因为我们本来就该失败。因为只有这样我们才能迈出下一步——进入真正的生命里。"我们常常断章取义地引用《加拉太书》2章20节。这节经文紧随保罗告诉彼得关于律法的警戒之后出现。当保罗说:"我已与基督同钉十字架"时,他指的是自己已经向着律法死了。保罗其实在说:"那个老我已经和基督一同死在十字架上了。当我死去时,我是向遵循律法的努力死了。试图遵循律法就是按照肉体而活,那时我的出发点是我自己和我自己的努力。但是现在,我已经向自我中心死了,在我里面的基督成了我的出发点。祂在通过我活出祂的生命。"

作为信徒,我们不再活在律法之下,指望它来告诉我们该做什么、不该做什么,然后尽自己最大的努力去达到标准。相反,我们要按照信心的原则和内在生命的原则而活,要懂得基督才是我们的生命。我们相信祂必引导我们,为我们开门、关门,直接对我们说话,就所面临的环境向我们传达信息,并供应我们所需的一切。我们相信神在通过我们而活,尽管可能不会随时都能感觉到这个事实,但是我们会靠着信心而活,相信祂就是我们的生命。

在《加拉太书》3章里,保罗援引旧约向我们解释,我们是依靠信心藉着恩典而活,不是依靠遵循律法而活:

所应许的原是向亚伯拉罕和他子孙说的;神并不是说"众子孙",指着许多人,乃是说"你那一个子孙",指着一个人,就是基督。我是这么说:神预先所立的约,不能被那四百三十年以后的律法废掉,叫应许归于虚空。因为承受产业,若本乎律法,就不本乎应许;但神是凭着应许,把产业赐给亚伯拉罕。(3:16-18)

神与亚伯拉罕和他的后裔——基督——立了一个信心之约。如果神对亚伯拉罕说的是:"并与你的众后裔立约",那么祂就把亚伯拉罕的整个血脉——所有犹太先祖、摩西、约书亚、众先知还有最终的基督——都包括在这个约里了。然而神并没有这么说。祂说:"并与你的后裔(单数)立约。"所以这些应许是给亚伯拉罕和基督的。

保罗这么说是要证明什么?若直接从亚伯拉罕跳到耶稣,就要跨越两千年的时间,越过一个重要人物————摩西,摩西的律法也会被一并越过。保罗直接从亚伯拉罕说到了耶稣,中间越过了律法。他没有试图把律法融和进来,也没有接受律法。相反,他说神的产业不可能既基于应许(恩典)又基于律法;它们是水火不容。当保罗——这个从前的法利赛人、律法的坚实捍卫者,领受到神全备福音的启示时便飞越了律法,在耶稣那里着陆了。

保罗的反对者教导说:"摩西和耶稣。"但是保罗回答:"断乎不是。"为什么他说:"断乎不是"呢?其中的原因从你我自身的经验中就可以找到——在律法中没有生命。

若曾传一个能叫人得生的律法,义就诚然本乎律法了。(《加拉太书》3:21)

没有任何律法可以赋予人生命,因为律法与自我努力是密不可分的。而自我努力无法产生生命,只有耶稣才是生命。祂来是要在我们里面通过我们活出祂的生命。律法只能显明罪和定罪,好让我们看到自己需要一个救主(《罗马书》3:20)。一旦实现了这一点,律法就完成了自己的使命。所以现在我们已经不在律法之下了(《加拉太书》3:24-25)。

可是今天我们在解释圣经时又把律法和恩典结合到了一起,这不是很令人惊诧吗?我曾经就是这样做的,两千年前的犹太党人也一样。但保罗坚决抵制他们的主张。他知道律法和恩典的掺杂带来的一定是全备福音——"基督在你们心里成了有荣耀的盼望"——的丧钟。

在保罗的时代,很少有人明白律法和恩典是不能融合的。今天,真正理解这一点的人也同样寥寥无几。结果,去掉律法的生活变成了一种孤独寂寞的旅途。要活在与神的联合中并非易事,因为没有人见过祂。但是你却相信祂住在你里面,你的身体是那位永生神的殿,并且你也像耶稣一样说:"我听到父指示我什么,我就做什么。"你会这样去生活吗?在你周围,不会有太多基督徒赞成这样的生活方式。但圣灵会肯定你。

你必须知道自己已经对律法死了,因为你永远无法摆脱退回到律法中去的诱惑。我从来没有摆脱过,因为律法有一些吸引肉体的特质。当我意识到自己被律法吸引时,若非认识到基督才是我的生命,我清楚自己肯定会就范。

多年以前我结识了一位年轻人,当时他刚信主,而且对神的话语极为渴慕。当我告诉他基督如何住在我们里面、我们如何可以靠着内住的主而活时,他回答说:"不,你不能相信这些!你只能相信圣经。"

我当然不希望就此展开辩论,因为这听起来让人觉得你在反对神的话语。我为他对神话语的热忱感谢神。我只是告诉他:"你可以相信圣灵。"

但是他说:"不!不!不!必须是在圣经里有的才可以相信!"

原来我不知道的是,在不到两年以前这位弟兄曾主办过一个关于励志和思想控制的研讨会,那时他甚至可以赤脚走过一堆灼热的火炭而不被烧伤。此前他一直在追随一个灵——一个属撒旦的灵。所以不难理解他为什么会对单单信靠圣灵心存顾忌了。他希望一切都是白纸黑字、清清楚楚的。不过那时,我并不知道他的背景,他也不知道我的经历,所以我对他说的最后一句话是:"好的,我们十年后再见吧。"

你必须先按照自己的想法去做。如果你必须先遵循律法并经历由此带来的徒劳、挫折和失败,那么这段旅程对你而言也是必不可少的。我们每个人几乎都是这样。这位弟兄爱神,但是他坚持要把基督教信仰简化成一种做事的方式方法,我也只能任由他自己去经历。神把这个人放在了祂为他安排的道路上,正如祂把我放在了祂为我安排的道路上一样——我们没有必要同时走在同一条路上。

最重要的是:律法和恩典无法并行,它们彼此互不相容。一个外表合情合理,但后果却是死;另一个看似荒诞不羁,但结果却是生命。

我记得有一次在德州讲道,那里的会众先前听我讲过很多次道,他们也已经开始体验到自己与基督的联合。我向他们坦言:"这么多年走南闯北,我还从未见到过比你们被律法束缚得更严实的一群人。我一辈子从未见过比你们更加律法主义、墨守成规、平庸无奇的一群人。但是看看现在,你们在以基督为你们的生命而活。这很叫人惊奇,不是吗?你们是否为神曾经带领你们走过的那段道路感谢过神呢?因为你看,不会再有任何人能够把你们带回到律法之下了。你们不会再试图恪守律法,因为那条路你们已经走过了。"

这就如同没有人可以再把保罗拽回到摩西的律法之下一样,因为那条路他已经走过。如果有人来到他身旁说:"你可以把摩西和耶稣结合在一起。"那保罗会毫不迟疑地反驳:"不,这样不可以。我已经在摩西的律法之下活过了,所以知道那是怎么回事。"

这就是为什么当有人对你说:"你有没有参加最近那个关于如何持守神法则的特会?"时,你可以回答:"伙计,这些事我都做过。那个会我也参加过。"我们都有过同样的经历:从恩典开始,凭着信心接受了耶稣,正如亚伯拉罕一样;但很快又都回到了律法之下,试图通过自我的努力讨神的欢心。最后我们投入耶稣的怀抱,认定祂才是那生命。我们不会再回到律法里面了,因为这样的事我们已经做过,也发现在那里没有生命。

"已经做过这样的事"很令人释怀,不是吗?现在是时候为那些负面的经历感谢神了。为从你凭着简单的信心接受了耶稣,到你开始信靠祂是你的生命之间发生过的一切感谢神吧。因为祂使用了这一切,把你带到了如今这个地步,让你可以和保罗一样坚定、喜乐地说:"我活着,但是如今活着的不再是我;乃是基督在我里面活。"

一旦你喝到了这生命泉的水,就不会再东奔西跑了。在你里面涌流着一口泉水,就是祂的生命之泉。你会发现,它不在外面的某个地方或某件事里,它就在你里面。

谁做了什么？

꧁

很 多人都以为神的恩典就是祂从天上垂下一条粗大结实的绳子，然后给你往上爬的特权。神做了一点事，剩下的都看你了。于是你研读了《爬绳的艺术》和《成功爬绳七步法》，并在掌握了书中内容后胸有成竹地开始了行动。然而，才爬了十分之一你就意识到："不行了。我已经没有力气了。"

于是你开始下滑。

我知道你的情况，因为我曾在那条绳子上遇见过你。我刚开始爬绳的时候，恰巧碰到你滑下来。"你这是怎么回事？"我问道，"难道你没有读过那本讲十五种攀绳艺术的书吗？"

然而很快我也下来了，心力交瘁。而你又信誓旦旦地再次发起了进攻。"这次我一定行！"你高喊着。上上下下，上上下下，上上下下……

对我们很多人来说，这就是基督徒的生命。然而这些都是假我的行动，都是分界线的下方一种试图对魂进行重塑、再造的努力。可悲的是，即便我们成功对其完成了再造，新的魂在神眼中与那旧的也别无二致。它只是学会了如何更好地去应付环境罢了。

神的恩典不是从天垂下一条绳子并要求我们去努力攀爬——在永恒救恩的方面我们也许还可以明白这一点，但是在面对如何活出基督徒生命这个问题时，我们就会转过身来寻索："绳子在哪里？"

基督徒的生命是完全的恩典。神是它的创始者、执行者，也是它的完成者。不仅如此，那在我们里面活出这生命的也是神。

然而我们可能不知道这完全是恩典。如果我们相信神通过祂的恩典仅完成了要求的百分之五十，那么我们会认定必须靠自己的努力来做完那剩下的百分之五十。毕竟，祂的要求必须百分之百达到，不是吗？所以如果神只达成了一半的要求，那么剩下的部分就得看我们的表现了。我们每个人几乎都曾在不知不觉中落入过这个陷阱里："神拯救了我，祂赦免了我的罪，但是剩下的就得靠我自己了。"

一位女士曾知会我，约翰卫斯理说过："务要热切追求完美。"

我的回答是："祝你好运。"

我曾热切地寻求过。你不也是吗？我知道，我的罪得赦免靠的是恩典。但是神这样要求我们："你们要完美，你们要圣洁。"所以，尽管赦免是靠恩典，我却被困在了靠行为达成神的要求的谬误中。我以为，自己必须努力成为圣洁。就算百分之八十都靠恩典，那么剩下的那百分之二十不也得依靠自己的行动吗？

事实是：一切皆靠恩典。不单称义要靠恩典，成圣也要靠恩典。一切都是神的工作。

在基督降生之前几百年,神就已经预言祂要把一切都做完。祂通过先知以西结向犹太人这样介绍新约:

"我也要赐给你们一个新心,将新灵放在你们里面。又从你们的肉体中除掉石心,赐给你们肉心。我必将我的灵放在你们里面,使你们顺从我的律例,谨守遵行我的典章。"(《以西结书》36:26-27)

唯一可以完成这个换心术的是谁?是神。请注意经文中出现的多个"我要":

"我要给你们一颗新的心。"

"我要把一个新的灵放在你们里面。"

"我要除掉那石心。"

"我要给你们一颗肉心。"

"我要把我的灵放在你们里面。"

"我要使你们顺从我的律例。"

人们常常担忧:"我可以守住律法吗?我可以活出神要让我活出的生命吗?"

当然,如保罗所写,我们已经对律法死了(《罗马书》7:4-6),与它不再有任何干系,也不用试图再去努力完成它了。但是由于律法体现出的是神的品格,而神的旨意是要通过我们彰显出祂的生命,因此当祂这样做时,祂自己就会通过我们自然地成全律法。或者换句话说,祂会反应出自己的品格。所以祂对我们说:"我会使你们遵行。毕竟,我是那律法的授予者和持守者,所以我可以让你们遵行。"

没有任何一件属神的事物是源自于你的。然而,神的一切都会通过你的生命彰显在这个世界上。外表看来,那完全是你,但是没有一件事是从你发源的。一切的发源地都是在你里面神应许的"我要"。

耶利米是第一个记录了新约中这些"我要"的人,他说:

耶和华说:"日子将到,我要与以色列家和犹大家另立新约。"……耶和华说:"那些日子以后,我与以色列家所立的约乃是这样:我要将我的律法放在他们里面,写在他们心上。我要作他们的神,他们要作我的子民。他们各人不再教导自己的邻舍和自己的弟兄说:'你该认识耶和华。'因为他们从最小的到至大的,都必认识我。我要赦免他们的罪孽,不再记念他们的罪恶。"这是耶和华说的。(31:31、33-34)

《以西结书》和《耶利米书》中的这些"我要"很不可思议,不是吗?神说:"我要做这事。"我们是神这些"我要"的实施者。当这些"我要"融汇到我们里面、变成生命中的真实后,我们就会行在其中——而行在主的道路上一直都是我们心中最深的渴望。

可是,只要这些事对我们来说依然停留在概念的层面上,依然只是一些与自身脱节的道理,那么我们就还会试图依靠自己让它们成为现实。我们倾向于依靠自己的努力去做事,由于不认识那内在的生命,所以注定要失败。我们已有了一颗新的心,并且急切地想要去完成神指教我们的事,但却没有做成的能力,因为这本来就只有神能够做到。

要成功活出这个生命除了依靠神的"我要"以外,我们别无他法。祂要做这事,事情本该这样成就。然而,让神的"我要"进入我们里面、取代我们自己的"我要"是需要时间的。

神在《以西结书》中说,要做的事情已经完成了一大部分。祂已经给了我们一颗新的心,并且把一个新的灵放在我们里面。祂已经除掉了我们的旧心,给了我们一颗新心,并将祂的圣灵放在其中。那项工作已经完成,无人可以撼动。"与主联合的,便与主成为一灵"(《哥林多前书》6:17)。在属灵世界里,神已经完成了祂能为我们做的一切——祂把圣灵的生命与我们人的灵联合在了一起,与我们合而为一。

神工作的另外一个方面依然在我们的魂和体中发生着,那就是"我要使你们顺从我的律例。"神在规整我们外在的生命,使之更加贴近祂自己。但是,在看到这个不可见、永恒的真理之前,我们会试着依靠自己来替祂完成规整的工作。我们会找到一段新的经文、一本新书或者一个新的理念,然后说:"那是我想成为的样子。"接下来我们就启动了使之成为现实的努力。我几乎买遍了市面上所有的自助类书籍。虽然从未考查过这些书的作者是否可以做到书里的要求,不过很快我就发现自己是不行的。能做到这些事的只有神。

在这个神圣的邂逅里,人该扮演一个什么样的角色呢?只有一个:愿意。你可以做的唯一一件事就是持有一颗愿意的心,去配合那位在你里面可以让这件事发生的神。如果我们不愿意,神不会让任何事情发生在我们里面。神永远不会践踏我们的意志——祂会去爱它、抚慰它、怀抱它并吸引它归向祂自己,但是祂绝不会肆意践踏它。

意识到在神的计划中你唯一需要做的就是要愿意,将对你的自负造成致命的打击。很久以前,我的先祖听信了一个谎言。在起初的那个园子里,他们接受了自我独立和自给自足的谎言,致使他们相信一个真正的人应该是自给自足的。

在现今的世界里,完全建立在这个信念上的社会运动不胜枚举。它们都是在建造人的自我。你知道在这条路上你会得到什么吗?更多的自我。如果成功,你会更加虚浮;如果失败,你会陷入自责。这是一条死胡同。

一切都是神的工作,我们的责任只是要愿意。如果我们愿意配合,那么神说,"我要使你们顺从我的律例,谨守遵行我的典章。"到了这个时候焦点才会回到你的身上,但你已不再是行动的发起者了,而是一件向世界彰显神生命的工具。

《加拉太书》2章20节在说完:"我已经与基督同钉十字架,现在活着的不再是我,乃是基督在我里面活着"之后,保罗提到他"如今在肉身活着"的生命。

是的,我们确实活着,但这是基督通过我们而活。"我要使你顺从它们,但最终做出来的是你。我是背后的动因,但行事的是你。"这就是生命的精彩之处——我们会看到神通过我们行出祂已经在我们里面做完的工,活出祂放在我们里面的生命,而且我们也会参与到祂一切的工作中。

神使用了在我的信仰道路上最令人失望的篇章让我看到了这一点,这段惨痛的经历成了我获得最伟大祝福的必要前提。圣灵告诉我:"看哪,你在试图活出那从来就不该由你活出的生命。但我可以在你里面作为你活出这个生命。"

这是一个好消息,不是吗?有一个人可以活出这个生命,活出完全被天父接受的生命。我们最主要的任务就是愿意让祂这样去做。祂愿意,你也愿意——这就是奥秘的所在。祂要活出这生命。

神的儿子已经住在我们里面,祂的使命和当初在地上时一模一样:行祂父的旨意。圣灵在我们里面的工作(不是通过我们做出来的行动,而是祂在我们里面作师傅的工作)就是不断让我们贴近那位在我们里面的真神。正因如此,我们更需要得到持续不断的启示。祂越多地让我们明白祂的性情,我们就会越多地与之贴近,因为那是深植于我们新心里的真实渴望。

此前我们一直在试图靠自己的努力活出祂的性情,而如今我们要看祂来成就这事。我正在"变成主的形状,荣上加荣,如同从主的灵变成的"(《哥林多后书》3:18)。不再靠自我的努力或奋斗,因为有了祂圣灵意志的进驻,我们的全部意志会越来越多地和祂协同一致。其实遵行祂的旨意一直都是我们的夙愿,圣灵只是把这个真实的渴望从我们灵里带到了表面而已。最终我们将无法分清哪一个是自己的声音,哪一个是神的声音——因为它们已经合为一体。所以,我们会像耶稣一样说:"我的意愿就是去完成祂的意愿。"我们的意志已被神俘获了。

有时人们会问我:"如果神真会这么做,如果神真要通过我活出祂的生命,那么我们怎么看待新约中的那些诫命呢?我们或许是要对旧约的律法死去,但是我们不是也应该遵行神的诫命吗?"

我的回答如下:在《哥林多前书》3章1节中,保罗谈到一类人叫做"属魂的人"(亦译为:"属肉体之人")。属魂的基督徒也有基督的内住,然而他却对此并不知情。或者即便知道,他也不明白该如何从中而活。他依旧活在自己的魂里,仿佛生命是从自己发出的一样。他其实还活在《罗马书》7章中:"我所愿意的,我并不做;我所恨恶的,我倒去做。"因此他依然活在罪的权势之下,而他置身于其下的律法就是罪的能力来源(《哥林多前书》15:56)。他依然在问:"要我做什么?我怎么做才可以把它活出来?"他以为那生命是源于他的;其实这样的人在基督里还是个婴孩。

保罗对哥林多那些基督里的婴孩(我指的不是信主的年份资历,而是属灵的成熟程度;一个得救五十年的人,可能依然还是个基督里的婴孩)这样说:"我是用奶喂你们,没有用饭喂你们。那时你们不能吃,就是如今还是不能。"在将基督为世人死的福音传给他们之后,保罗说:"我用奶喂你们。"奶指的是什么?我相信它指的是一些必要的、关于"什么可做,什么不可做"的行为准则。

这一点在我自己的事工经历也得到了验证。我到全国各地巡讲,告诉人们基督就住在你里面,并作为你而活。回到家后我常常会收到一些咨询具体问题的信件。"在这种情况下我该怎么做?"或者"你觉得这个决定怎么样?"我会给他们回信,直接把答案告诉他们。

保罗常常也会收到大堆大堆的问题。当人们拿现实生活中的难题来咨询他时,保罗会把具体的答案告诉他们。为什么?因为人们还不知道如何活在自己的真实身份和与基督的联合中,所以他们需要得到即时的答案。

哥林多人对婚姻有疑问,于是保罗给了他们具体的指示。他们对是否应该上法庭解决教内争端有疑问,于是保罗告诉他们该怎么办。帖撒罗尼迦的信徒肯定问过:"我们拿这些家伙怎么办啊?听到你告诉我们耶稣要再来后,这些人就不工作了。"保罗说:"如果他们不工作,就不要给他们吃的。"

这些是需要立刻解决的情况。那时,这些信徒手上还没有圣经,所以他们只能去咨询曾经来过他们那里、向他们传讲过耶稣的人:亚波罗、阿奎拉和百居拉、保罗或者别人。所以他们会寄出自己的问题,保罗也会把他的回应告诉他们。

如果你还不能活出自己的身份,那么就需要有人来告诉你该怎么去做了。这是我们常常做的一件事。即便自己已经活在与基督的联合中,但是如果有人面临着亟需解决的问题,我们也会把具体的指示告诉他们———虽然这样做并不是基于基督在他们里面活的真理。我们会向这些人提供一个可以马上解决问题的指示,同时也相信神会带领他们更深地经历到祂的生命。

保罗的许多书信都是为解决具体问题而写的,这些是解决即时需要的"危机书信"。然而它们可能无法反映出保罗在平日教导中反复强调的信息。我们在保罗的书信中看到他对具体问题和不同异端的回应,但因为缺少相关记录,所以无法知道保罗在哥林多的十八个月里和在以弗所的三年里都具体教导了什么。不过对于他的教导内容我们也可以有一个比较清楚的推测。保罗在给歌罗西教会的书信中讲到:他受神差遣传讲那在过去历世历代被隐藏、但如今已向祂的圣徒显明的奥秘:

……就是基督在你们心里成了有荣耀的盼望。我们传扬祂,是用诸般的智慧劝戒各人、教导各人,要把各人在基督里完完全全地引到神面前。(1:26-28)

在保罗心中一直燃烧热情就是把各人在基督里完完全全地引到神面前。为达到这个目的,他传讲"基督在你们里面成了有荣耀的盼望"、基督在通过他们活出祂的生命、以及他们与基督的联合。

在上一章中,我们注意到保罗对加拉太人的负担:"我小子啊,我为你们再受生产之苦,直等到基督成形在你们心里"(4:19)。保罗对教会的关注点就是基督在他们里面;相比之下其他事情都是旁枝末节。它们虽然都是很重要的问题,但只是主线的临时偏离。如果我们有幸可以听一堂保罗的经典讲道,我确信他讲的一定是"基督在你们里面"。

人一旦开始活在基督在他们里面的这个事实里(这就是福音的硬食),他们就断奶了。他们对"该做什么、不该做什么"的需要变得越来越少,因为他们已经学会让基督的生命透过他们活出来。而事实是:在我们里面的基督一不偷窃,二不懒惰,而且绝不会去做任何保罗说不要去做的事。不仅如此,祂不需要任何"该做什么、不该做什么"的准则,因为祂就是这些准则的缔造者。随着我们更多地学会允许神来掌管我们,祂就会自然地透过我们活出来。

所以,正如旧约的诫命是带领我们归向基督的训蒙师傅一样,新约的诫命也有它们的功用。然而诫命不是肉,而是奶。圣灵的角色是带领我们完全地认识这位内住的基督,并明白祂是如何作为我们而活。在这一步完成之后,祂就会通过我们来成全诫命(《罗马书》8:4)。但那不再是靠我们自己的努力,而是祂生命的自然流露。

认识基督在我们里面——明白福音百分之百都是恩典、都是神的工作——可以拿走缠累我们多年的种种劳苦。我们以为这些劳苦是在尽自己的份,但是我们错了。

我们可以不再试图作个好基督徒了。反正我们的努力只会带来绝望,因为我们会发现自己根本做不到。所以我们可以卸下伪装,不用摆出胜券在握的样子。

我们可以放弃宗教的虔诚,因为耶稣并没有宗教的虔诚,祂活出来的乃是天父的生命。一直图谋害祂并且最终得逞的就是一群宗教徒。今天我们受到的宗教影响丝毫不逊色于那个年代。如果对神的恩典没有一个全面的认识,那么我们就必然会回到宗教里寻找答案。我们会用宗教的活动来定义自己,让我们可以被神、被自己和他人接受。但是,在看到基督在我们里面成形之后,我们就可以摒弃宗教的虔诚了。如果神把我们安放在某个宗教体系里(像我一样),没有关系。这并不意味着我们会不可避免地成为宗教徒,因为神已经释放了我们。

我们可以不再试图钉死自己,因为我们的旧人已经死了。在不可见、永恒的世界里,这是一件木已成舟的事。然而在过去的两千年里,一代又一代的基督徒却一直在试图钉死自己。正如我常挂在嘴边的:如果你可以钉死自己,那么你一定是钉错对象了。我们身上都有一些自己想要为神的荣耀而丢弃的事物,譬如某个个性特征或者某个自己不满意的地方。但是祂在呐喊:"不,不,不,不!那是我为了我的荣耀而给你的,是我为了迫使你亲近我而有意安排的;不要为了荣耀我而把它抛弃了。我会钉死那些在你里面不讨我喜悦的事物,我会在你里面放大你的弱点,好让我可以因其显大。"

如果一切都是神的作为,那么还有什么需要我们去做呢?当然有。正如我在前面提到的,我们的责任就是要愿意。保罗写到:"当恐惧战兢,做成你们得救的工夫。因为你们立志行事,都是神在你们心里运行,为要成就祂的美意"(《腓立比书》2:12-13)。神在我们里面工作,让我们选择并执行祂的美意。我们的责任不是去做到,而是要愿意。信心、信靠就是我们愿意的表现。"今天我愿意让你通过我活出你的生命,我相信你会这样做。"信徒的生命基于信心,而非自我的努力。

有时人们听到神恩典的全备信息之后会回应说:"神不是呼召我们要顺服吗?"是的,神呼召我们要有一种顺服,那就是保罗所说的"信心的顺服"(《罗马书》1:5)。你要通过相信来顺服神。你之所以能成为信徒,就是依靠了信心的顺服——你相信基督为你的罪死了。"你与基督同死"和"基督为你而死"的工作方式是一样的。在这两个情况中,在可以看到它们在你生命中运行以前,你都需要先把信心放在一个不可见、永恒的事实上。

信心的工作不是去试图治死老我,而是去回顾那老我已经死去的事实,并按照这个事实而活。我们要铭记并仰赖这个启示性的事实;如果对你而言它还不是一个启示性的事实,那么你就会努力地试图去抓住一个自以为缺失的东西。这样做并没有错,因为如果你不知道自己已经拥有,除了去奋力赢得你还能做什么呢?但事实是,我们已经拥有了。在不可见和永恒里,我们的老我已经死了。我们在这个信心生命中的责任就是当环境告诉我们,"你的老我还没有死"时驳斥:"错,他已经死了。"不要试图去完成这件事,因为我们怎么可以去完成一件早已经做成的事呢?

保罗在《罗马书》中描述这个过程时还使用了另外一个词汇,他称之为:合算(reckoning)。"合算"是一个银行用语,它指的是在购物时你大可不必为付款担心,可以放心写支票,因为钱就在你的银行里。合算不是往银行里放钱,而是指依赖钱已经在银行里的这个事实放心地去写支票。在解释了我们已经死了并且已与基督一同复活之后,保罗说:"这样,你们向罪也当看【合算】自己是死的;向神在基督耶稣里,却当看【合算】自己是活的"(《罗马书》6:11)。

你向罪死了;你向神活着。"看(合算)"并不是让它成真,因为它已经是真的了。而是说通过合算,你可以把这个既成的事实活出来。

神说你是一个全新的人;那旧人已经死了。你虽然看上去既不像死去之人,也没有已死的感觉,并且不总是像已死之人那样行事为人,但是你要选择赞同神还是和祂争辩呢?你大可和祂争辩,但你注定要输,这样做并不值得。所以你还是要通过信心赞同神:"我读到了这个事实,它好得不像是真的,但是我要相信它、坚定地接受它。"

事实是,在接受基督的那一刻,我们就已经完美了(《希伯来书》10:14),在祂里面我们已经完全了(《歌罗西书》2:10)。但是那时谁知道这个道理呢?于是我们在分界线以下,在魂里面奋力地拼搏着,相信表象而不是神的真实,所做的一切都是为了追赶上一个已立定的事实。通过我们对神的启示的信心,祂的真实就可以成为我们的切身经历。

如果不能将这个真理内化吸收,我们就会永远活在肉体的陷阱里不能自拔。意志在基督徒的生命中扮演着重要的角色,神也在其中工作。我们必须选择信靠在我们里面的基督。

一次在丹佛,神就这个方面向我说话。当时我在打高尔夫球,我还是那个无药可救的自己。我因为特别痛恨自己糟糕的技术,所以决定只用一根球杆来打球。我用它来赶球、在硬地上击球、在沙坑里救球、推球。我没有和与我同乘一辆小车的女士说一句话。我的妻子和另一位女士坐另一辆车走在我们前面。我只是在例行公事,等待这个痛苦的经历赶快过去。到后面的九个洞时,我的搭档看着我说:"耶稣在你里面表现得真像个孩子。"于是我想,那是神在说话。

我的责任是决定要不要让在我里面的耶稣看起来像个孩子一样。我们必须按照神口中的话行动,因为在这件事上我们是与祂有份的。我们必须选择相信祂。我们之间拥有的是一个盟约的关系,而信心就是这约的行事准则。"我对你说话,你要回应我、信靠我。"在这个联合的关系中,我们并没有失去自己,而是在充当其中的一个重要部分。神邀请我们成为祂的合作人。

人类在被造之初被神赋予了领受生命树(也就是基督)、成为生命的表达者的能力,那是神最初的计划。然而神在造人时有意地将选择的权利给了我们,并设定我们要承受选择带来的后果。这是我们永远无法逃脱的——最初不能,现在也不能。神出于祂的爱,给了我们选择的权利。祂说:"如果你想走世界的路,可以。如果你的心和你的爱在那里,去吧。但是你需要承担这个选择带来的后果。"

这是否意味着并非一切都是恩典呢?不,一切都是神的工作。只有祂可以活出那生命,只有祂可以在我们里面工作,让我们成为祂甘心乐意的合作者。然而祂给我们分派了一个角色,那就是随时愿意为主所用。我们要愿意被主使用,让祂通过我们活出祂的生命。马利亚对天使加百利所说的话适用于每一位信徒:"我是主的使女,情愿照你的话成就在我身上"(《路加福音》1:38)。这就是可用性。马利亚需要愿意,但事情的成就者乃是神。

我们的可用性可以释放出神的能力。所以我们需要信靠主可以通过我们做成这事:

"主啊,你想要通过我爱这个人,但我感觉不到对他的爱。请你通过我来爱他。我愿意被你使用。"

"主啊,我对这个人心怀苦毒。我选择允许你通过我活出赦免。"

"主啊,我不愿意去服侍这个人,但是你愿意。请你通过我做出额外的牺牲。"

离开了耶稣,我们的人性无法做到这些;但那住在我们里面的神的性情却能成就这一切。你可以对祂说:"你来做,我愿意让你使我愿意。这里交给你了。"

在神不可见、永恒的境地里,那些我们看似还没有完成的事物已经完成了;那些我们看似没有做成的工作,已经做成了;那些看似还没有成熟或者完全长大的人已经长大成熟。若没有得到这样的启示知识,我们就会努力靠自己来完成这些工作。那样,我们的出发点依然是自己,我们会不断依靠自我努力试图让事情成真,直到得到神恩典的完整蓝图才发现事情其实已经做成了。祂成就了这事,完成了一切的工作。

神成长我们的过程

✤

神的目标是将我们从外在带到内在,从在这个世界、这个身体或魂里寻找生命转变为在我们的灵与圣灵的联合中经历真正的生命。

祂可以带领我们走上不同的道路,但最终都要到达这个终点。祂带我走过的道路是从耶稣是我的救主,到耶稣是我的成就者,再到耶稣是我的生命。但这并非每个人的必经之路,有些人的路上还有不同的小站。神不会被限制在某个具体的过程中,祂会尽一切所需让我们在分界线下方的世界里满有基督长成、成熟和完全的样式。在分界线上方我们已经是这样了,祂要我们每日的生活都彰显出这个在我们里面已经成就的真实。

在本章中,我想要介绍三种看待基督徒的成长过程或者神成长我们的过程的不同方式。之所以要介绍三种方式,是因为没有一种看待这个成长过程的固定模式。我们无法把成长放在一个小方框里,更不能把它归结成一个程式。这不是理所当然的吗?毕竟在我们里面工作的那一位乃是万物的创造者。我们只需要看一眼多彩的日落,就可以看到祂多么喜欢多样性。所以祂也喜欢用不同的方式让我们长大成熟。

我们可以将在这里介绍的这三种过程视为欣赏同一颗宝石的三个不同角度,它们的区别在于观察的视角,在本质上都是同一件东西。我祷告神至少使用其中之一来触碰你的心、鼓励你,将你更深地吸引到祂的里面。

对神成长我们的过程的第一个解释来自于《约翰一书》2章12至14节。在这里使徒约翰描述了信徒要经历的几个成长阶段。他没有说是否所有信徒都会经历这几个具体阶段,但是我相信这里介绍了我们大多数人都要走过的一条路。他说:

小子们哪,我写信给你们,因为你们的罪藉着主名得了赦免。父老啊,我写信给你们,因为你们认识那从起初原有的。少年人哪,我写信给你们,因为你们胜了那恶者。小子们哪,我曾写信给你们,因为你们认识父。父老啊,我曾写信给你们,因为你们认识那从起初原有的。少年人哪,我曾写信给你们,因为你们刚强,神的道常存在你们心里,你们也胜了那恶者。(《约翰一书》2:12-14)

在神家的屋檐下,基督的身体里,约翰看到了三种不同的信徒。这些人被称为小子们、少年人或者父老的依据并非他们的生理年龄;他说的不是育儿部、青年部和成人主日学。这些归类的依据乃是人们的内在认识。

小孩子("小子们")认识两件事:(一)他们的罪被赦免了,和(二)他们和天父建立了关系。这就是他们的全部认识。他们可能知道很多信息,但真正认识的只有这两件事。我相信绝大多数基督徒都处于这个阶段。

中间的群体，少年人，认识三件事：(一)自己是有能力的，(二)神的话语住在自己里面，还有(三)自己已经胜过了那恶者。他们仍然有小孩子阶段该有的认识——他们的罪已得赦免和他们已与天父建立了关系——但是现在他们认识了更多，已经离开了小孩子的阶段。

然而请注意，少年人的侧重点依然在哪里？他们自己身上。他们是有能力的，他们已经战胜了那恶者，神的话语住在他们里面。他们的出发点很大程度上还是自己："看在我身上发生了什么；看我做了什么。"

最能让少年人激动的因素是能力。"但圣灵降临在你们身上，你们就必得着能力"(《使徒行传》1:8)。这不是很像年轻人的风格吗？他们喜欢能力、力量、激动人心的事物、冒险。然而整个世界依然是以他们自己为中心的，他们依然是自己的出发点。

这个阶段并没有什么不妥，每一个群体都以他们当时获得的全部启示作为行事为人的基础。对于作基督徒意味着什么，少年人已经有了更多从神来的启示。他们可能已经进入了认识基督在他们里面帮助他们(但还不是通过他们并作为他们而活)的地步。

这里还有第三个群体：父老。关于他们，约翰连续两次说了同样的话：他们认识那从起初原有的。圣经的头三个字是："起初神"。父老们认识神——他们不单认识能力，还认识这位神，并且已经进入了神的里面。他们意识到自己已与神联合——不是与神的某个方面(如能力)，而是与神的整个位格联为一体。他们认识那位昔在、今在、永在的神，认识那位自有永有的"我是"。当你到达了父老的阶段时，重要的不再是你认识什么，而是你认识谁。

我们很容易对自己不认识、未经历过的事物感到怀疑或恐惧。小孩子可能对少年人和父老们心有顾忌，因为他们尚未经历到后面的两个阶段。与此相仿，少年人也可能对作父老的有不少疑虑，因为他们还没有到达那个阶段，所以会纳闷这些父老怎么不去做他们在做的那些事。

当你成为一个父老之后，你就站稳了脚跟，平静自若。少年人依然要东奔西走，挑起战争，投身战斗。相比之下，作为父老的你就相形见绌了，因为你没有穿上铠甲，也不拿起武器，争战四方，屠杀恶龙。但你没有理由去和少年人(或小孩子)生气，因为你曾经也是少年人，你知道这是一个正常合理的属灵阶段。所以你可以说："赞美主。我曾经也是这样的。"父老们没有任何理由不去体谅、理解和关爱那些尚且处在属灵早期阶段的人们。你自己也是这样走过来的，并且圣灵也教会了你每一个阶段都是重要、不可缺少的。你每时每刻都从灵里而活，并且拥有属灵的辨别力。"属灵的人能看透万事"(《哥林多前书》2:15)。你看清事情的真相，因为你在用里面被开启的灵眼去看。

神邀请我们每个人进入父老的阶段，这是一个凭信心而非凭眼界而活的阶段，是一个"效法祂的受苦"的阶段：让基督的死在我们身上发动，好让生命在别人身上发动(《哥林多后书》4:12)。但这也是一个安息的阶段，在其中我们体会到和无始无终的那一位的联合。祂就是爱，祂通过我们在爱中行动，来拥抱这个世界，成为他人的生命。

成长过程的第二个例子我将其称为"将魂夺回，作神的彰显者"。圣十字约翰讲到人类会进入一个阶段，我们的生命会成为一面玻璃窗。住在我们里面的神要从玻璃后面照耀出来，没有任何扭曲。但我们大多数人的生命都不是一尘不染的洁净玻璃窗。

当然，我们永远不能期待它们完全变得洁净无瑕，但这是一个成长的过程。圣十字约翰说，如果我们试图为神做成这事，那么我们的指纹就会沾满玻璃的表面。虽然你还是能透过它看到里面的人物，但所见的图像会是模糊扭曲的。我认为想要拥有一扇洁净玻璃窗的渴望和我们对神的爱的强烈程度是成正比的，但我们的肉体往往会成为其中的阻碍。

在我人生的笔记本里记满了肉体的事。有一天，妻子和我需要同时写一张支票，于是她走到我的桌前坐下——我的桌子！

我说："你为什么要用我的桌子？你的东西都在房间的那一头。这张桌子明明是你送给我的，你也说过它是我的。"

确实如此。她在圣诞节送了我这张桌子，并申明它是我的。可是就在我需要用到它时，她却坐在这张桌前写起了支票。听到这话妻子立刻起身上班去了。还没等她踏出门外，神就对我说："你真是个混球。你说'我的桌子'是什么意思？那是你的桌子吗？"

当妻子中午回家吃饭时，我对她说："芭芭拉，对不起。那桌子不是我的。"

"我一早上都在想你为什么会有那样的反应。"她回答。

"都是因为这个物主代词：我的——'我的桌子'。"

对我来说，自己在这事上的反应就是那窗户上的一个指纹。我不是说神没有使用它：在短短几分钟内祂就用它给我上了宝贵的一课。

施洗约翰说："祂必兴旺，我必衰微。"这个兴旺发生在魂里。在灵里不会发生激烈的争战——灵里总是平静安稳的。混乱的战事发生在收复魂的过程中。神从灵里延伸出来，要夺回那块被窃取的领地——祂最初创造我们原本就是为要通过我们彰显祂自己。但问题是我们已经习惯了作囚徒的生活。

我记得很多年前在《读者文摘》(Reader's Digest)上读到一个关于一位美国军人的故事，在二战结束时他从德国的集中营里解救了一位俘虏。转瞬之间，集中营里的囚犯成了自由人，而那些德国士兵，曾经的自由人，却沦为了阶下囚。结果两边都感到不知所措。长期以来生活在带刺铁丝网后的人们在被告知自己已重获自由后，只是呆呆地站在原地不知如何是好。

我的魂常常也是这样。它已经被释放，作了承载圣灵的器皿，是全能真神用以彰显祂自己的媒介。但从前的裹尸布却还缠在上面；我里面那些常年累月形成的积习和模式还是会时不时冒出头来。有人会说："没事的。你能拿它怎么办呢？该发生的终究要发生。"但这让我心痛不已。

一次，在给曾多次听我讲道并且大多已经历到与基督联合的一群人讲道时，我说：

我们这些认识到与基督联合的人很难接受责任(responsibility)这个词。我对这个词做了些研究，你知道它是从哪里来的吗？它和"回应(respond)"来自于同一个词。你可以当着神的面说："我不相信责任"，但是让我来告诉你一个秘密：这样的态度让神连你魂里的一寸领土都收不回来。因为你真正的意思是："我就要保持自己现在的样子。我才不在乎呢。我就要这个样子，你敢来改变我。"

我们在讲认识神，即热切地让神用爱占有我们。神软化我们魂的过程可能有时会很痛苦，但这是我们回应神的爱和爱祂的表现。

神呼召我们成为祂的回应者。一个人能做的最重要的事就是聆听并顺服神。你不需要为自己顺服的方式向任何人交代。顺服可能看上去很愚蠢，但在心底深处，你知道自己在顺服祂，并允许祂在爱中占领你的魂。

我不会以神通常的做事方式来对待自己的魂。我前面分享过自己在胆囊手术上花掉一万美元的故事，那事刚过不久，芭芭拉就萌生了要换一辆新车的想法。为了家庭的和睦，我不得不同意。我其实一点都不喜欢换来的新车，而且因为它，我生平还第一次为汽车做了分期付款。此前我买车都是用现金。于是我每个月都须要支付巨额的分期款项，而且利息也高得吓人。

一次，在前往一个特会讲道的路上，我琢磨着买车的这件事。我清楚一旦自己开始想：我要是死了就能从这件事中解脱出来了,问题就严重了。如果你的魂也有抑郁倾向,那么应该不难理解我当时的心态。突然之间,我本想要努力简化的生活又变得复杂起来。在事工正走下坡路的同时,我还不得不为支付汽车的分期付款而劳神。我说:"神啊,你难道没有第二个人可以去打磨吗?为什么把注意力都放在我的身上?"当神在魂里动工时,祂不会给你一个清单任你挑选。神已经命定了祂在你身上做工的方式——那就是生活——只是有时我们并不喜欢。我们说:"给我一本书让我读一读就好。让我用理性理解祢想做的事吧,也许我能免受些痛苦,轻松学到这一功课。"

但现实却不是这样。神会使用魂里的风暴迫使我们转回真理。在回到灵里后我们会为此心存感激,因为在神之灵与我们的灵联合的深处,祂安息在我们里面,我们也安息在祂里面。

这个世界落入了撒旦的手中,堕落成了一个善恶对立的系统。而神要使用这个世界的系统来炼净我们。但如果不明白这一点,我们就很可能无法被炼净,反而因为无法超越人的境况、看到神在其中的旨意而对神产生了敌意。

如果在一件事的背后有神的旨意,借着神的恩典,我们就能接受它。我们从前埋怨:"这里面怎么可能有神的旨意呢?我感受到的只有四面受敌。"于是我们患上了永久性的"可怜的我"综合症。这是世界攻击我们的第一个地方,不是吗?它攻击外在的我们——打击我们的感官,然后又回来折磨我们的情感。神的方式也是这样。

当我们的感觉成为我们对自己最深的认识时,我们会以为它就是生命最深刻的层面,所以我们始终在痛苦和挣扎中打转。但现在,我们可以身处困境却依然坚持真理。就像我前面说过的,这就像处在一个飓风的正中央:暴风之眼是平静的。我们回到了自己的安全之处。

有一首赞美诗的歌词是这样开始的:"有美地方寂静安舒,近乎上帝之心。"我把后半句改成了"在上帝心里"。我们在祂里面,祂在我们里面。当安息此处时,神会像剥洋葱一样一层一层将我们的魂剥开,使我们外在的人越来越多地和祂里面的人步调一致,擦净玻璃窗上的污迹,收复我们的魂,成为祂的彰显者。

当我还在美国各地讲道时,我会用几个活道具来作为"神使用的成长过程"的第三个范例。我会邀请四个人出来站在前面。一个扮演神(我知道这是个很重要的角色)。一个扮演人的灵,和神并肩站立,表明我们的灵和神之灵之间永久的联合,两者作为一体而运作。一个人扮演魂,站在人的灵前面。最后一个是体,站在最前方。

四人都面向观众。神以这样的方式设计了身体——朝向外界——通过感官来接受外在世界的信息,然后将其传递到魂里。

神设计魂要面对灵,从灵那里接受最重要的信息、指引和生命。我们本应听神说话,但人类的堕落改变了这一点。由于堕落,魂也朝向了外界,面对着身体。撒旦通过感官诱惑魂转离其最初的目的,使之从灵的使者变成了身体的使者。这就是为什么圣经常常谈到"肉体的罪"——即身体上的罪。

没有重生之人的魂从外界获取所有信息,它完全被带离了自己本来该有的状态,转离了灵和圣灵,面向外界,听从俘虏它的撒旦的号令。但是作为信徒,我们在得救时即获得重生,所以没有哪一个部分(包括魂和体)是真正处在撒旦的权势之下的。

然而,除非一个人意识到自己是谁,并且活出他和基督的联合,否则魂在大多数时候仍会是从前的样子。它继续保持面向外部的状态,接受外来的信息和指令,试图在身体和世界的享乐中获得生命。但这并不是魂被造的目的。

基督徒的成长就是：圣父、圣子、圣灵吸引我们的魂，使之从对外部（身体和世界）的眷恋转为对内部（圣灵与我们灵的联合）的迷恋。在基督里的成长并不意味着使我们的行为变得完美，而是一个被引导转回的过程。我们基督徒的生命成长就是一个魂回转归向灵的过程。

神想要用爱吸引我们归回每一个转向外部的魂的领域。任何没有回转的地方都很容易受到外界的牵引——不管是身体及其欲望的吸引，还是世界或撒旦的诱惑。

譬如，假如说在物质财富方面你还没有回转，你很贪婪（这是所有诱惑的核心），用自己的方式来满足自己，但是你开始更深地品尝到了圣灵的甜美，慢慢地，你允许了圣灵和你的灵在贪婪这个领域吸引你归回，让你可以说："我知道怎样解决我的贪婪了：基督是我完全的满足。我不用以那样的方式来满足自己的需要。基督此刻就在满足我的一切所需。"于是在这个领域你被吸引归回了。

也许你对一个家庭成员心怀苦毒，然后圣灵让你在苦毒这个领域回转向祂。终于你可以说："我不需要苦毒。神的灵是我的满足。"所以你回转到一个程度，使苦毒的试探在大多数时候都不再能让你心烦意乱。我不是说你永远不会受到试探，而是你已经学到了，在那个方面基督就是你的满足。那个试探背后的谎言不是你的生命；你知道在你里面的基督才是你的生命。

你是否看到此生的目的？那就是神要慢慢地让整个魂都回转向祂，转向祂的灵和我们的灵的联合。祂不在乎分界线下方立竿见影的完美，祂想要的是在我们内心的认识上能有一个稳定的转变过程。基督徒的成长不在乎自我的努力和奋斗，而是在于允许圣灵将我们吸引归回，引导我们的魂回转向神，好让我们被祂占据，成为祂在世上的彰显。

第五部分

活在联合中

不再饥饿

耶稣在《约翰福音》中说了一句我们都知道但很少有人认真思考过的话：

"我就是生命的粮，到我这里来的，必定不饿；信我的，永远不渴。"（《约翰福音》6:35）

我们到祂那里去了吗？

除了"到我这里来的"以外耶稣并没有提出任何其他的前提条件。如果我们是信徒，我们就已经到祂那里去了。

祂还说了什么？"信我的……"

我们难道没有相信祂吗？我们已经信了。经文中也没有出现特指某种超级虔诚信心的副词。祂只是说："信我的……"

耶稣说我们这些已经到祂那里去且已经相信祂的人会怎么样呢？他们"必定不饿……永远不渴"。

有一天，圣灵让这节经文中的一个词像霓虹灯一样闪烁在我眼前：永远不，永远不！

这是一个我会尽量回避的强烈辞藻。在讲道时如果发现自己不经意用了"永远不"这个词，我一定会停下来解释说："这个词过于强烈了。"说"永远不"是没有任何退路的，在"永远不"里面没有漏洞存在。但耶稣说："到我这里来的，必定不饿；信我的，永远不渴。"

在分界线下方，我们活在魂的饥饿中。我们说："我太饿了。我太渴了。我有需要。我靠指甲在坚持着，才不至于掉下去。我好几周都没剪指甲，就是为了可以抓得住。"我们这样说话都是源于心中的饥饿感、分隔感、不满足感和缺失感。

但耶稣说我们永远不会饿，也不会渴了。

在《约翰福音》6章中，我们再次看到了分界线上方的真理。在这一章的后面，耶稣说："叫人活着的乃是灵，肉体是无益的。我对你们所说的话就是灵，就是生命"（6:63）。

耶稣讲的不是我们在地上魂里的饥饿，而是说在属灵的境地里我们是永远不饿、永远不渴的。祂在说，如果我知道和我联合的那位是谁——圣父、圣子、圣灵三位一体的真神——并且照此而活，就不会再饿也不会再渴了。你永远不会饿，也永远不会渴了。

你明白这其中含义吗？耶稣是我们灵完全的满足。如果我们要作别人的光，就必须知道这一点。我们需要知道自己灯泡里的电力是用之不竭的，否则就会不住地为解决自己的饥饿而挂虑。一个知道自己在基督里面、基督也在自己里面的人是没有缺乏感的。耶稣说："我是你完全的满足。"我们只有通过神的启示才能明白这一点。

耶稣在《约翰福音》6章前后也做过类似的宣告。祂对井边的妇人说：

"凡喝这[物质的]水的,还要再渴;人若喝我所赐的水,就永远不渴。我所赐的水要在他里头成为泉源,直涌到永生。"(《约翰福音》4:13-14)

我们喝了吗?是的,我们已经永远地喝了。我们还会渴吗?不会。这水会被我们喝完吗?这是一口不断涌出、时刻满溢的井,永远不会枯干。

在耶路撒冷的犹太节期上,耶稣喊着说:

"人若渴了,可以到我这里来喝!信我的人,就如经上所说:'他腹中要流出活水的江河来'。"(《约翰福音》7:37)

我再问一次,我们信了吗?所以从我们的腹中会流出什么?活水的江河。根据下一节经文,这里指的乃是圣灵。圣灵需要通过启示来向我们显明这一点。我们太多人都满足于涓涓细流,但神为我们准备的还有更多。

从你的腹中要流出活水的江河。如果这江河是从你而出的,那么它会朝哪个方向涌流?离开你的方向。所以你不能跑到下游,喝自己的灵水。我们必须知道,基督自己此刻正在充满着我们。我们可以安息,知道自己不饿也不渴了。耶稣说:"我是你完全的满足。"

然而有人可能会问,那《马太福音》6章33节又怎么理解呢?"你们要先求祂的国和祂的义,这些东西都要加给你们了。""这些东西"是指分界线下方的东西:吃穿之物。耶稣应许说,如果我们先求神的国,神就会将这些东西供应给我们。另一节经文告诉我们去寻找:"我又告诉你们:你们祈求,就给你们;寻找,就寻见;叩门,就给你们开门"(《路加福音》11:9)。

我曾以为我注定永远是个寻找者,认为自己将永远无法找到我所寻找的事物。我得到的教导是:"你得救了,所以现在你要不断地寻求神的国,不断寻求,不断寻求……"永不停息的劳苦和努力。但我发现,藉着与基督的联合,我已不再是一个寻求者,而是一个发现者了。

耶稣说神的国在哪里?在我们里面。每个国度都有一位君主,而神国的大君王就住在我们里面。对神国度的基本定义就是神的统治和治理。这已经发生在我们心里了,不是吗?所以我们不用再寻求神的国,因为我们已经找到了。不管将来神的国会有什么样的外在表象,如今它已经在我们里面开始了。

这对我们有什么影响?它能解放我们。我们不需要再为自己和自己的属灵状态担心挂虑。我在以谈论"你需要被充满"和"你要读神的话好让祂来充满你"为属灵记号的圈子里都混迹过。这些事都很重要,然而一旦知道自己已被充满,那么你就知道自己不能被充得更满了;如果知道基督是你的生命,那么你就不会试着去得到生命——祂已经满足了你灵里的饥渴。

但这并不意味着我们的魂不会在某一天感到饥饿和干渴。毕竟我们还拥有这个外在的人,我们的魂也常被缺乏感蛊惑。这样的谎言会不断在我们耳边重复播放。我们的特权是用真理来提醒自己:"我是你完全的满足。"说你在寻求更多的耶稣其实并不属灵,因为祂不能再给你更多了。祂可以让你更多意识到自己已经拥有的那位神是谁,但祂无法再给你更多的祂自己。你已经拥有了祂,祂已经拥有了你。在大多数时间里占据我们、让我们专注在自己身上的那些需要已经在基督里得到了满足。

大卫的生平阐释了若相信此刻还有神没有满足的需要,我们会出现什么样的问题。圣经说大卫是一个合神心意的人,他同时也是以色列最有权势的人。人很难把控权势,因为世上的一切好处对于有权有势之人来说是唾手可得的。于是大卫滥用了自己的权利,和拔示巴犯了奸淫,之后又试图通过谋杀来掩盖自己的罪行。

大卫为何会陷入一个这么大的麻烦之中？因为他听信了谎言，以为自己有一个还没有被神满足的需要。撒旦在你我身上也在使用同样的伎俩，即在我们里面提出质疑，让我们怀疑神在我们生命中的丰盛供应。就像我的好友霍基（Bill Hodge）所说："如果"是魔鬼最喜欢的一个词。

"如果神是你一切的源头，为什么你的丈夫会没有工作呢？"

"如果神是你的生命，为什么你的妻子会去世呢？"

"如果神是你的满足，为什么你的孩子会吸毒、叛逆呢？"

我们想，这个，我不知道。也许我真需要点别的。也许我需要……撒旦开始在我们的生命中制造噪音，用外在的事物来转移我们的注意力，致使我们试图去满足他在我们里面制造出的需要。这是一个谎言。我们须要活在真理中，而不是谎言里。

芭芭拉离去的那一刻，我就坐在她身旁看着。我很喜乐。我当然难过，但也很喜乐。我为我俩在一起共度的四十多年美好时光而喜乐，为她已经与主同在而喜乐，为她不再被疼痛折磨而喜乐。尽管有时我会说："我希望你还在我身边。"但在那些日子里，带给我满足就是我亲爱的神——祂成了我的妻子。我不否认自己的悲伤，但我并没有陷在悲伤中不能自拔。

人们总喜欢不断与肉体争战，而不是跪下来感谢神，说："是你为了让我认识你，才把我带到这条路上。"神需要使用其他人——也许是孩子、丈夫、妻子——才能把我们带到一个可以经历到祂的生命的境地。

耶稣祂自己就是我们的满足。也许在圣经中没有哪一处能像《约翰福音》11章那样将其如此清楚地展现出来。玛利亚和马大的兄弟拉撒路病了，听闻这一消息后，耶稣故意耽延了去伯大尼的时间，以至于等祂到那里时，拉撒路已经死了。当祂和门徒终于到达玛利亚和马大的家时，人们已经在为拉撒路守灵了。

耶稣先遇到的是马大，她满心想的都是过去和未来。过去是："主啊，你若早在这里，我兄弟必不死。"未来是："我知道在末日复活的时候，他必复活。"但她没有想到现在。

具有讽刺意味的是，她发表这些言论的对象是那位不在过去和未来里、只活在现在的"我是"。"站在你面前的我就是复活，就是生命。你等候的未来，对我来说就是现在的真实。"

马大把玛利亚带到耶稣面前。她想的也是过去："主啊，你若早在这里，我兄弟必不死。"尽管我们从别处的经文中了解到，这对姐妹相互间有很大的个性差异，但在这次危机中，俩人同样缺乏对耶稣基督现在同在的领悟。这对我们所有人来说不是都一样吗？有些时候，我们对神现在同在的意识并没有像对过去或未来的意识那么真切。通过让拉撒路从死里复活，耶稣向玛利亚和马大表明，祂的充足不仅是在过去或未来，也在现在。

一次我在一个教会讲道，在讲完了自己的见证之后，我说我有一个被赦免的过去和一个确定的未来。我问会众一些问题，他们给了我"正确"的答案——典型的福音派答案。过去和未来。过去和未来。这就是基督教的写照，不是吗？我不是要向谁发难，而是要指出对于过去和未来我们非常确信，而对夹在这中间的现在却感到迷茫虚无。于是我们想用各种活动来填满现在。除此以外你还能做什么呢？但耶稣就在现在，祂把所有一切都集中到了现在。

有一次耶稣带着祂最亲近的门徒（彼得、雅各、约翰）上了山，在那里改变了形象（《马可福音》9章）。当他们下山时，发现其他的门徒遇到了麻烦。他们试图在一个男孩身上实践他们的医治事工，但却许久不见成效。

男孩的父亲说出了心里话："你的门徒什么都做不了。"

耶稣立刻上前,告诉他有信心之人可以做到什么。这个人坦诚地回答:"我信,但我信不足,求主帮助!"这是整本圣经中最老实的宣告之一。"我信,但我信不足,求主帮助!"

我们都有这种摇摆的信心。每个人生命中都有一些还没有经历到救赎工作(即现在时的耶稣基督)的领域。能被带回到祂与我们同在的意识中是何等宝贵!而伴随着祂的同在而来的是对祂的丰盛的认识。

当看到我们在找的答案是一个有位格的神时,我们会大感惊讶。我们问题的答案总是那位有位格的神。当我们明白这一点时,得到问题的解决就不那么重要了,因为祂的同在足以让我们满足。有时神可能会把问题的解决和对祂同在的意识一起赐给我们,但是祂往往不会为我们解决问题,而是对我们说:"我的恩典够你用。"我们会意识到一种陪伴的关系,即我们和神之间的伙伴关系;而在此前我们只能感到绝望:"我怎么才能处理好这件事呢?什么能拯救我呢?"

我们从不信到信,感受到了神的力量和全能者的同在。祂像堡垒一样环绕着我们,带给我们内在的生命,以及一种出人意料的平安。

就好像一位女士对我一个朋友说的:"我对自己现在的处境感到了真正的平安。"

"给我讲讲你的平安吧。"我朋友说。

"我说不出来。"她说。

他回答:"那你应该是真有平安了。"

它超越人的理解。这个女人的境况其实很糟糕,但因为她感觉到了耶稣基督的力量和同在,环境立刻得到改善的需要就不那么重要和迫切了。"我是你完全的满足。"

知道不自己已不再有任何属灵的需要是一件非常重要的事(《以弗所书》1:3)。我们不需要更多的生命,不需要更加属灵,我们的灵也不再饥渴——说"我就是生命"的那一位已经住在我们里面了。祂已经喂饱了我们的饥饿,祂是我们丰盛的满足。现在我们可以自由地在心里装满神的世界和工作,因为我们已经脱离了对自我的担忧。

圣洁的但是

人们都活在"但是"之后，无一例外。我说的是"但是"这个词。出去听听人们说的话吧。不管是不是基督徒，每个人都活在"但是"之后。我不在乎他们在"但是"之前说了什么，他们真正相信的都在这个词的后面。

"萨姆是个好人，有他做牧师是我们的福气。但是……"现在我们要听到他们对萨姆的真实看法了：

"他的话太多了。"

"他的讲道有点乏味。"

"我妈妈生病时他从来没有去探访过她。"

我们总是活在"但是"之后。不幸的是，基督徒总是把错误的内容放在了"但是"的前后。我们把神放在但是之前，把自己的情况或感觉放在了后面。我们会说：

"我知道神爱我，但是看上去可不是这样的。我的生活中没有一件顺心事。"

"我知道神是我的满足，但是我真的缺少许多需要的东西。"

"我知道神应许给我智慧，但是我脑子里充满了困惑。"

若是这样，你住在哪里？住在垃圾堆里，活在周围的环境中，无法自拔。你唯一能期盼的就是环境的改变；如果它不改变，那你就惨了。不过就算环境变了，你还是没有学会活出神在你里面的生命。撒旦不在乎我们说多少关于神的事，只要我们把它们放在"但是"之前，他就高枕无忧了。

我将把神放在祂该有的位置，即"但是"之后，称为："圣洁的但是"。耶稣在客西马尼园就使用了"圣洁的但是"。以下是我对祂这段著名祷告的解读："天父，我不想和你分开。若是能行，请让我免受这样的痛苦。现在它让我觉得非常沉重，我的魂感觉沮丧至极……

……然而……

……尽管如此……

……但是……

……不要按照我的意思，只要按照你的意思去行。"

那就是"圣洁的但是"，它是一座带你走出困境、踏入信心的桥梁。如果生命中从未有过负面的境遇，我们就永远无法操练信心。你不该拒绝那些负面的事，因为它们真实发生了，而且会催促你踏入信心之中。

"我感到极其软弱，但神是我的力量。"

"我很悲哀，但神是我的平安。"

"我深受痛苦,但基督是我的丰盛。"

"我想要看这个电视节目,但在我里面的基督想要倾听这个人的伤痛。"

"圣洁的但是"可以提升你脱离魂的束缚,从想法和感觉(这都是对生活环境的正常反应)的层面进入到灵的层面,进入信心里面,让你能够允许基督通过你用祂的生命来回应那些不好的环境。境遇没有改变,但你里面却不一样了。

那就是在客西马尼园中发生在耶稣身上的事。祂没有否认当时面对的情况,也没有否认自己的想法和感觉。祂感到沉重无比,但祂选择靠天父而非自己的感觉而活。祂扭转了这个境遇(对祂而言环境并没有任何改变),利用它成就了我们的救赎。

要运用"圣洁的但是",我们就必须把困难放在"但是"的前面,把神的真理放在它之后。你不是总能改变环境,但你可以决定自己是要接受它还是拒绝它。而放在"但是"后面的内容是你已经接受的。

大卫理解这个"圣洁的但是"。听听他是怎么开始《诗篇》13篇的:

耶和华啊,你忘记我要到几时呢?要到永远吗? 你掩面不顾我要到几时呢? 我心里筹算,终日愁苦,要到几时呢? 我的仇敌升高压制我,要到几时呢?

他的境况糟糕透顶了,不是吗?四围黑暗笼罩,而他深陷困境。接着他开始祈求了。

耶和华我的神啊,求你看顾我,应允我, 使我眼目光明,免得我沉睡至死; 免得我的仇敌说:"我胜了他"; 免得我的仇敌在我摇动的时候喜乐。

环境糟透了,对不对?下一个词是什么?

但我倚靠你的慈爱, 我的心因你的救恩快乐。我要向耶和华歌唱, 因祂用厚恩待我。

但是。但是。但是。但是。他的环境并未改变。什么变了?他生命的根基。这个"但是"改变了他,将他从"几时......"径直带到了"我对耶和华神满有信心"的状态。

是什么迫使大卫完成了这个转变呢?他的环境。这就是分界线下方那些事情的重要之处。正因为遇到这些事情我们才能操练信心,让在我们里面基督的生命可以活出来。

同样,保罗也理解"圣洁的但是"。在给歌林多人的第二封信中他写道:

我们有这宝贝放在瓦器里,要显明这莫大的能力,是出于神,不是出于我们。我们四面受敌,却不被困住。心里作难,却不至失望。遭逼迫,却不被丢弃。打倒了,却不至死亡。身上常带着耶稣的死,使耶稣的生,也显明在我们身上(4:7-8)。

保罗活在"但是"的后面。他把麻烦都放在了"但是"之前,把神或者神的视角放在了"但是"之后。这改变了他受敌、作难、遭逼迫、被打倒的事实吗?丝毫没有。他依然在经历所有这些苦难。但现在他的生命源头在那里?"耶稣的生命......"祂在他里面运行。

因为我们知道真理且靠着真理而活,并不意味着外在的环境就一定会因此改变,但是我们改变了。"圣洁的但是"让你从环境走向了问题的解答,而这个解答就是那位有位格的神。它让你从外在走向内在,从外物进入内里,从短暂进到永恒,从关注分界线下方转为抬头仰望界线上方。

保罗说他"身上常带着耶稣的死"(那是可见、暂时的视角),"使耶稣的生也显明在我们身上"(那是不可见、永恒的视角)。在可见、暂时的境地里,保罗被逼迫、被敌视。但是在那不可见、永恒的境地里,基督的生命正通过他涌流出来。

在一个环境中,"圣洁的但是"总会将你的视角从外在转向内在。不管你认为谁是这环境的源头——撒旦或者神——你都要把这它带回到在你里面的那位神面前,并请神介入其中。

"神啊,你要成就什么?这看上去像是魔鬼的作为,但是你要在这里面做什么呢?我的孩子很叛逆,但是神你要做什么?我失业了,但是神你要做什么?我丈夫离开了我,但是你要做什么?"于是我们就回过头来,说:"但是,神你在这里面。"我们在讲的不是事情发生的原因,而是神在事情里面。祂是我们的源头,所以我们要转向内在。

由于不知道如何运用这个"但是",大多数人都会急于逃离自身的处境。如果不认识那内在的生命,这就会是我们的自然反应。相反,如果认识了那内在的生命,我们就会理解基督徒会和别人一样经历艰难,但是我们活得不一样。

没人可以捆锁你的灵,也没人能在里面奴役你。那里是撒旦影响不到的地方。你的灵和圣灵之间拥有完美的和谐。在这样的完美和谐中,事物会顺利运转,平静而安稳。

但魂里面很少有和谐。如果你进到了一个魂也和谐的地步,那就好好享受吧,因为这样的状态不会持续太久。在魂、身体和世界里,存在着无休止的矛盾和争吵。我们被东拉西扯,左拖右拽,我们的感觉跌宕起伏,有时像风筝一样自由高飞,有时又在地上艰难匍匐。

那样的时刻正能显出我们生命的与众不同之处。离了基督,我们无法做出异于常人的反应。就算努力尝试,生发出的也不过是虚情假意。只有基督有这样的生命,但祂不会在一个属灵的真空中活出祂的生命——祂的生命要在人类中、在你我的里面运行。

当我们对环境说不时,就经历到了耶稣的死。"我知道情况很糟,我的想法很消极,我的感觉令人不安。但是我的生命并非源于我的环境、想法或感受。基督才是我的生命,祂就是我此刻的满足。"当我们对信心说是时,耶稣的生命就会彰显在我们身上。

有时我们允许生活中的环境在里面制造出对自己与主关系的质疑:

"我为什么不能像他一样感受到神的同在呢?"

"为什么神从不像对她说话一样对我说话呢?"

"为什么神从来不像对待他一样对待我呢?"

你说过类似的话吗?我曾经常常这么说。由于不能在生命中的事件里看到神的旨意,所以我得出结论:发生在我身上的那些事情意味着我做得不对,要不然这事和那事就不会发生了。那时的我还在关注暂时的境况,要么埋怨神,要么怪罪别人。

我们尽可以满腹牢骚,但是这样就永远不能进入到神深奥的事中。我尽可以埋怨父亲没有让我爬到他的膝上、让我依偎、和我说话,而只是一味地藏在报纸背后。我可以说我之所以是如今这样,都怪我那"刻薄的老爸",但如此我就只会止步不前。我父亲如何对待我可能是分界线下方的事实,但它对分界线上方的世界没有丝毫影响,也不能决定我在神永恒国度中的身份。

除非把事情带回神的面前,寻求祂的答案——不管这事糟糕到了什么程度——否则我们无法从任何过去或现在的遭遇中得到自由,也无法在任何事上拥有平安。每个人都需要把"圣洁的但是"应用到自己的过去中:"从前你们的意思是要害我,但神的意思原是好的。"现实是,在分界线以下,我们的境遇可能非常好或非常坏,但也可以认为这些境遇都是中性的。关键在于我们如何领受它们。我们究竟活在哪里,从"但是"之后的内容就可以看出来。

现在,我们的主要目标不是操纵可见、暂时的世界,让它来符合我们的心意,而是通过不可见、永恒的视角来理解它。通过"圣洁的但是"就可以做到这一点。

暂时世界中的事物确实是在发生——不要让任何人否认正在发生的事情。为什么让人否认一个神为了修复他们而兴起的困境呢?为什么不和他们分享当你处在神为要修复你而兴起的困境中时祂带给过你的安慰呢?别人都在向他们传授摆脱困境的技巧,但他们仍然无法摆脱困境。你可能是唯一一个见神所见,知道什么能够当人在四面受敌、心里作难、被人逼迫、被打倒时带给他们慰籍的人。

当我们使用"圣洁的但是"时,就会经历到一场信心的争战。然而,一旦在一个领域或环境中的争战里获胜,你就收复了这块失地。当耶稣在客西马尼园经历了"圣洁的但是"后,兵丁前来抓捕祂:

西门彼得带着一把刀,就拔出来,将大祭司的仆人砍了一刀,削掉他的右耳......耶稣对彼得说:"收刀入鞘吧!我父所给我的那杯,我岂可不喝呢?"(《约翰福音》18:10-11)

一旦这场信心的争战分出了胜负——你不再否认环境,而是进到你永远的得胜中,进到生命的所在之处——你就能完成任何神要你完成的使命。我不是说你可以完成任何使命,因为祂给每个人的使命都不一样。但无论祂要你做的是什么,祂都可以作为你来完成这事。

你如何完成它将成为他人的见证和救赎。你不会像世人一样来经历这些事,而是会带着圣灵的能力和主的喜乐来完成它们。你明白自己并非孤身一人,也明白你的人生是有价值的。

关键是要认同神所说的话,并将它放在"但是"之后。神说我们在祂眼中是圣洁、毫无瑕疵的(《以弗所书》1:4、《歌罗西书》1:22)。神没有问你:"你在自己眼中是无可指摘的吗?"很少有人会这样看待自己。祂说:"在我的眼中你无可指摘、圣洁、毫无瑕疵。"而祂的看法才算数。

当你认同神对你的看法时,你就会经历到得胜。不要再和祂争辩:"但是......但是......但是......。我知道你怎么看我,但是......。我知道圣经是怎么说的,但是......。"只要认同神对你的看法就好。"你看我是圣洁、毫无瑕疵、无可指摘的。谢谢你。我是圣洁、毫无瑕疵、无可指摘的。"这个举动在你里面带来的转变会让你大吃一惊。

正如我已经说过的,《加拉太书》2章20节是圣灵用来加速我里面生命的成长、向我指出如何活出基督徒生命的第一节经文。英文《钦定版圣经》的翻译是这样的:

我已经与基督同钉十字架,尽管现在我还活着,但那不是我,乃是基督活在我里面;并且我如今在肉身活着的生命是依靠信神的儿子而活,祂爱我,为我献出了自己。

你有没有让人在读这节经文时把自己的名字放进去过呢?它对你的影响是非常奇妙的。"丹已经与基督同钉十字架,尽管现在丹还活着,但那不是丹,乃是基督活在丹里面。"明白这其中的不同了吗?它将给你一记耳光,把你打醒。自己来做一次吧。

大多数人都想先得到神真理的确据,然后才愿意开口宣告。他们想要可见、暂时的证据。那是世界的运作方式。这个世界说:"等你的行为圣洁了,我们才能说你是圣洁的。"而神说:"宣告你是圣洁的,我就会在可见、暂时的世界里把圣洁赐给你。"天父在对我们说:"宣告我在你里面、通过你也作为你而活,然后我就会让你看到它变为真实。只需在你的灵里轻声说:'我是',我就会让你看见你已经是了。在我各种不同的美丽彰显中,我会让你看见在你里面自有永有的神。但在我印证前,你必须先承认。"每次对这一宣告出现怀疑时,你需要做的就是把它重复一遍,不断肯定神已经向你确认的事实:"我看上去不像,但我已是。我感觉不是这样,但我已是。我不认为我是,但我已是。"

然后神说:"很好。很好。"

我发现,把这个真理大声讲说出来让自己的耳朵听到是很有帮助的。当我第一次听到自己在基督里的身份时就这样做了。我从前常常在刮胡子时大声地说出自己在基督里的身份,以及那在我里面的基督是谁。我的很多想法都在挑战这些宣告,很多行为也与我所说的不符,所以我的耳朵需要听到真理,因为光想一想对我来说俨然是不够的。一旦有了一个符合真理的想法,我里面立刻就会蹦出两三个其他的念头说：那个想法是假的。那个想法不可能是真的。但当我大声宣告出来时，它在我的耳中——或者说，在我的灵里——就会留下一个持久的印象。没有人听到我这么说，但是我自己听到了，而这就是我需要的。

对别人这么说也大有好处。如果你有一个理解你、知道神在你生命中的作为、并且当你说出自己内心感知到的真理时不会怀疑你头脑发热的配偶或朋友，那你就是有福的。如果你有一个这样的伙伴，就会得到一个肯定的回应，不是吗？你可以从这伙伴那里听到这样的回应："我也是这么相信的。是的，没错。我支持这个立场。是的，那是神的真理。"

在某种程度上，唯一可以让我们获知神关于彼此的真理的途径就是听到对方将其宣告出来。"丹，我已经和基督同钉十字架了。我已经对罪死了。如今活着的不再是我，而是基督在我里面活……"那是真的，不是吗？那是绝对的真理。但你看起来不像已经死了，不像已经从罪里得自由了，也不像一个有耶稣基督内住的人。无论如何，这一宣告是发自我们内心的言语的同证。凭着信心，我们相信自己和他人就如宣告中所说的那样。

这是一些我自己在使用的实用做法。我不会教导很多人们所谓的"实用"方法；对一些人来说，这些都是纸上谈兵。但当你活在其中、从心底知道且经历到它时，它就是务实的。无论怎样，"圣洁的但是"非常实用。我建议利用这些步骤来在你心中坚固神的真理。

我曾到一个经济萎靡的地区给那里的教会讲道。那是我刚结束和癌症抗争的第二年，所以我能够体会这些人正在经历的困难。我对他们说："你们中有人无法获得一份长期的工作，或者找不到一个心仪的岗位。你们的财政状况岌岌可危。这些是真实的生活经历，可能会暂时把我们绊倒。但实际上，神已经给了我们另外一种看待生活的方式，就是从祂的视角去看。只要从祂那里汲取生命，我们就拥有用祂的眼光来看待生活的特权。"

那就是我们永远的得胜和安息。我们看到神所看的，说神所说的。我们活着乃是祂通过我们而活。

试探：一个操练信心的机会

❧

在第七章里,我介绍了"秋千"这个概念,即我们的魂会在善念与恶念之间、在积极与消极情绪之间不间断地摇摆。我们试着让这架秋千停下来,却发现自己无法做到,因为是神为了给我们提供信心选择的前提条件才让它这样摆动的。在接受这个事实之前,我们会一直与这架秋千进行抗争。而秋千的一个方面是我们在特别抗拒的:试探。但若要安息在神里面,我们就必须接受这个事实:试探也是秋千的一部分。

在到全美各地教会讲道期间,我常常会用耶稣生命中的一个例子来为秋千的比喻做个总结。它突显了秋千中一个最令人不安的部分:试探,同时显明了试探在耶稣生命中扮演了怎样的角色。我发现这其中的功课往往令人大吃一惊。在《马太福音》中我们看到:

耶稣同门徒来到一个地方,名叫客西马尼,就对他们说:"你们坐在这里,等我到那边去祷告。"于是带着彼得和西庇太的两个儿子同去,就忧愁起来,极其难过,便对他们说:"我心里甚是忧伤,几乎要死;你们在这里等候,和我一同警醒。"(26:36-38)

耶稣的这个挣扎发生在哪个层面?魂的层面。那就是耶稣的意思:祂正在经历一个让祂里面产生深刻忧愁的事件。这种感觉是否有悖于耶稣所知的神在祂生命中的旨意?当然。祂一直以来都知道并声明十字架是神对祂生命的旨意,但此刻祂的感觉却背叛了祂。

耶稣的秋千正向着在分界线下方被我们称为"邪恶"的方向摇摆,祂的感觉在朝着神对祂生命旨意的相反方向偏移。但耶稣的行动和我多年来的做法并不相同,因为祂没有跪在地上说:"哦,主啊,求你赦免我的这种感觉。"祂只是接受了这个事实。为什么?因为祂知道在祂的人性中,自己本该有经历这种感觉的能力,而有这样的感觉并不是罪。

我曾认为:如果自己真的爱神,怎么可能会有这种感觉呢?我肯定在哪里出了问题。但耶稣犯罪了吗?没有。如果你也曾有过类似的经历,你犯罪了吗?没有。既然如此,你为什么要祈求神为这些事赦免你呢?为什么基督徒在被试探的时候会要求神赦免自己呢?我们甚至会因为有了某种感觉而心怀愧疚。

那是魔鬼的伎俩,不是吗?他说:"哈!瞧啊!你有那些感觉了!"他是那控告弟兄们的。他的诡计是宣布:"你不应该有那种感觉。"实质上就等于是在说:你这个器皿应该是神,不该是个凡人。

在那一刻,试探者给了耶稣一些非常真实而沉重的感觉和想法,把祂紧紧地抓住了。

祂就稍往前走,俯伏在地祷告说:"我父啊,倘若可行,求你叫这杯离开我……"(26:39)

现在祂肯定已经过界了。现在祂肯定已经犯罪了。这不再只是一种感觉,祂都表示不愿行神的旨意了!

但祂已经犯罪了吗？那你是犯罪了吗？

当然，我们总是想维护耶稣，说："祂从未犯过罪。"祂确实没有。但很多基督徒都认为，当自己走到这一步时就已经犯罪了。当我们有了一个不符合神旨意的想法时，我们就说："我肯定已经不在神的旨意中了，我需要被赦免。"但耶稣并没有求神赦免祂。

你为什么会认为自己已经犯罪了呢？因为看上去你好像是违背主的旨意了。但你违背了吗？不，你还没有。你只是在脑子里思想了这件事而已。你在质疑神的旨意，但你并没有违背它。

让我们回过头来看看雅各在他的书信中是如何解释这个过程的，从1章12节开始：

忍受试探的人是有福的，因为他经过试验以后，必得生命的冠冕，这是主应许给那些爱祂之人的。

试探能检验我们，这非但不在神对我们的计划之外，反而是祂对我们计划的一部分。13节：

人被试探，不可说："我是被神试探"，因为神不能被恶试探，祂也不试探人。

神不能被恶试探。那么在哪里我们是安全的？在神里面，不是吗？在我们的灵和祂的灵的联合中。14节：

但各人被试探，乃是被自己的私欲牵引、诱惑的。

这只是被试探，不是犯罪。这就是你的秋千开始往"邪恶"那边摇摆的时候。它不是静止不动的，而是已经往邪恶那边倾斜很多了。你在这么想，你在这么感觉。你的秋千碰响了邪恶的铃铛，叮当，叮当，叮当，叮当。但这只是被试探。15节前半部分：

私欲既怀了胎，就生出罪来……

私欲是如何怀胎的？联合，当你和它联合的时候。男人和女人是如何生出孩子的？当他们彼此联合的时候。生命不会从一个想法或感觉而出；生命来自于选择。所以在你做出那个选择、和它联合之前，你都没有犯罪。耶稣也没有犯罪。我们从《马太福音》16章39节，祂的话中就可以看到这一点：

"我父啊，倘若可行，求你叫这杯离开我；然而，不要照我的意思，只要照你的意思。"

你所联合的对象就是出现在"然而"或者"但是"之后的事物，这就是"圣洁的但是"。你的真理，即你所相信或做出的选择，总是出现在"但是"之后。耶稣首先陈述了自己受到的试探，然后祂说："但是神。""不要照我的想法、我的感觉，只要按照你的旨意去行。"在现实经历中，你的真实光景就出现在这个"但是"之后。

耶稣来到门徒那里，见他们睡着后：

祂第二次又去祷告说："我父啊，这杯若不能离开我，必要我喝，就愿你的意旨成全。"（26:42）

现在已经定了，不是吗？在39节中，祂说："我很忧伤。还有别的办法吗？"但在第二次和天父在一起时，祂只是说："如果没有别的办法，那就这样吧。"第44节讲祂在第三次祷告时也说了同样的话。

反复听到真理不会刺伤你的耳朵。只要真理还停留在思想的层面上，你就会有各种各样的想法。但一旦在你里面的圣灵选择了这个想法，而且通过口里的宣告表达了出来，那么就像保罗说的：我们心里相信，口里承认了。所以耶稣说了这些话："如果这是唯一的办法，那就这样吧。"这一刻祂已经完全委身了。

当然这只是一个假设，但如果耶稣不知道在生命最深处自己的真实身份是什么，那么也许祂就会从魂里寻求对自己的认可，最后也不会走向十字架了。如果祂的魂和这个试探是祂所知最深的真实，那么祂就会说："我必须按照我的感觉和想法去做。"所幸的是，祂还有一个更深的真实，因而不需要依从自己的所感所想来行事。祂可以照着自己里面的人所知道的去行。

然而唯一能做到这一点的人并不是处于孤立隔绝状态的耶稣,而是在灵里和父合而为一的耶稣。是天父通过祂做成了这件事。耶稣是天父的彰显,祂和天父本为一。那个灵里的联合就是耶稣的出发点,天父是祂生命的始源。如果行事的出发点是魂,那祂可能会说:"我必须找到另一条出路。"

　　任何事物最深刻、最真实方面就是它在灵里的状况。在神把你我推进了属灵的真实中后,我们就进入了认识的境地。而你的认识不会发出任何噪音,或者像魂一样的动荡。认识就是认识。你的魂会发出各种噪音,让你感到烦躁不安;它也让耶稣感到了不安。但当你知道自己真正的身份之后,在外面的魂、体、世界中发生了什么就不再重要了。

　　在客西马尼园,耶稣的人性被试探拉扯和左右,但祂没有为此认罪,也没有因此接受任何定罪。祂知道这是神自然的工作过程,若没有这个过程,祂就永远不会说出那"圣洁的但是"。

　　就好像祂在做见证说:"这是我的想法和感觉......但这不是我。我不是我的感觉,也不是我的想法。真正的我在里面,在那个我认识父的地方,而我认识的这一位也就是我生命的所在。"这样看来,试探就是耶稣活出信心的必要条件。

　　你注定是要受到试探的,否则信心也不会存在。我不是说你注定要落入试探中,但就好像从前的亚当、夏娃一样,你本来就该站在这两棵树的中间,然后说:"神说不可以吃,撒旦说可以吃,而我是自由的。我要怎么选择?"你本该站在那个位置上。神已经定意让祂创造的生命有自由选择的权利,凭着信心来存在和行动,但我们也要承担选择的后果。

　　生命中的属灵争战从我们重生的那一刻起便拉开了帷幕。重生之后,突然间我们就置身在了肉体和灵之间的矛盾中。我们的肉体,即那个不再倚赖神的人性,会从外界接受指令;而那与我们的灵联合的圣灵却给了我们一种新的渴望:神的渴望。

　　一旦成了一个属灵的人,你就陷入了这两者间的矛盾里。我们总是试图除掉这种矛盾。我告诉你什么时候没有这个矛盾:当我们还死在过犯罪孽中的时候。为这个矛盾感谢神吧,因为这意味着你在灵里是活着的。难怪雅各说:"当你在各样的试探中时要喜乐",因为那正是你的灵命得以成长和稳固的机会。学习按照属灵里的认识而非魂里的所想所感行事为人,就是我们的成长。当我们这样做时,就使祂的荣耀得着了称赞。

　　有一个阶段我们会祷告主祷文:"让我们不受试探。"你通常不会让属灵的婴孩去涉险,因为他们还没有准备好。但最终我们会进到一个认识到试探本是生命中的一部分的阶段。当受试探时,我们要意识到自己正在为神打仗——这场仗我们本不会失败,而是必然要胜利。但如果不认识取胜之道,那么我们就无法获胜。这就是为什么我们必须知道自己已经对罪死了,必须认识魂和灵之间区别的原因。

　　我们需要理解神给了撒旦在分界线下方做很多事情的许可,就好像我们在彼得(撒旦求神给他像筛麦子一样筛他的许可)和保罗(他身上有一根刺,是撒旦的使者)的生命中看到的那样,神没有说你的魂或你的身体是撒旦完全不能碰的。只有一个地方是他碰不到的,在那里我们是安全的:就是我们灵里的联合。你我可以尽情高喊,说撒旦在我们的魂里没有任何权利,但是他却对自己能做什么了如指掌,而且会不屈不挠地在那里骚扰着我们。他一直在充当神的搅动者,因为就算撒旦也不能逃离神的主权。

　　试探对我们的生命而言是绝对必要的。如果看到了这一点,我们就不会再把撒旦视作我们的敌人了,因为我们获得了神的视角,将他看作自己在生命中产生信心活动的一个必要前提。当你不再和撒旦打仗时,你就夺走了他的毒刺。不是说我们开始以黑为白,或者否认撒旦的存在。完全不是,因为撒旦是真实的,而且就在我们周围。但耶稣在十字架上已经废掉他的武器(《歌罗西书》2:15),他不能再辖制你。在你发现他对你已没有任何能力的那一瞬间——很奇妙不是吗?——你就不会再像他对你还有能力那样活了。

所以撒旦、我们的肉体和世界将持续地试探我们。撒旦希望我们仅仅因为受到试探而接受定罪,我们也往往会就范。"我不该有那个想法,不该有那样的感觉。"你知道什么时候你不会再有任何那样的感觉或想法吗?当人们看着躺在棺材里的你说:"他的神情真安详,就像睡着了一样"的时候。但那不是解决之道。

真正的解决办法是让这个美丽的你——这个照着神的样式被造、与神联合,被命定成为一个有信心之人的你——学会如何在已拥有的自由中行事。我们会发现,自己将可以按照里面的安全感和与基督的联合来做出选择。

我们如何学会在自由中行事为人?没有一个简单的答案,但答案是有的。那就是学习聆听你里面的圣灵对你说话的声音。祂对我们每个人说话的方式都不一样,因为每个人都是独特的。而你将会听从祂的声音,因为那就是你的渴望。

在圣灵和你的灵的联合中没有噪音。这两个灵是相似的,所以在那里有平静、合一,没有矛盾、惊扰和噪音。但外在的刺激会搅动我们的想法和感觉,而那试探者或者我们的肉体会使用这样的搅动把我们拖离灵里的安全地带。

耶稣说:"我的羊认得我的声音。"这个声音尽管微小,但我们也能学会从魂里的各种嘈杂中将它分辨出来。祂的声音会温柔地提醒我们,自己已经对魂的诱惑死了,对那旧时的召唤死了。所以当试探来电时,我们只需挂断电话。"我从前嫁给了你,但我现在已经改嫁了,对你来说我已经死了。再见。"

我们对罪已经死了,但那试探者对我们还贼心不死。只要这个可见、暂时的世界还存留一天,他就不会罢休。为了产生信心的回应,你我本来就该置身于这个由试探所致的矛盾中。

我们可以把生命浪费在回避躲藏上,尽量减少信心的抉择;或者也可以昂首站立在前线,承认这就是生命的运行方式。在面对试探时,我们学会说:"我本不该被我的感觉和想法控制。我已经嫁给了耶稣,只有我良人的生命才是我想要彰显出来的生命。"

生活就是一所学堂。神希望我们在每一种境遇、每一个环境中都能安全稳妥。这一切是否都能实现并不重要,我们大可不必为此担心。我们身处在基督的学校里,已经完全、完美了,但同时又处在一个成圣的过程中。我们生命的不同领域都在不断地被吸引回转向祂。神想要我们在生命的每一个方面都认识到祂的丰盛,好让我们可以稳妥地安息在祂里面。祂将会一遍又一遍地让我们学习功课,直到学会为止。我们必须认识到我们乃是"知道者",都必须敢于这样来活:"我知道这是真的。我感觉不到它,也不是这么想的。但我知道它是真的。"

然而,神不需要无休止地让我们重复学习,同样的功课你只需要学上一次就够了,一旦学会就无须重复。然后你就可以为祂放在你生命中的各种境况而喜乐,因为你可以坦然地说:"我不是我的感觉,也不等同于我的想法。我是永活真神的宝贵彰显,祂唯一想要的就是从这个境况中带出最好的结果,让我这个与祂联合之人获益。所以我放下我自己想要的,只去追求祂想要的。因为那才是我心底最深的渴望。"

听见神

乔治·罗德里格斯（George Rodriguez）是20世纪早期臭名昭著的墨西哥大盗,惯于从德克萨斯越境到美国洗劫银行。德克萨斯州的边境巡逻队从来没有抓住过他。有一天,乔治抢完银行后,一位巡逻队员认出了他,并一路跟踪他回到一个墨西哥的村镇,看着他走进了一家小咖啡馆。巡逻队员随后进去,拔出手枪,顶着乔治·罗德里格斯的脑袋。

"乔治,我们已经追捕你好几个月了。"巡逻队员说,"德克萨斯边境线上的所有银行都被你抢遍了。如果不告诉我你把赃款藏在哪了,我现在就让你脑袋开花。"

但问题是,乔治不懂英语。不过,那里恰好有一个既通西班牙语又通英语的小男孩,所以他向乔治传达了巡逻队员的话。

乔治用西班牙语告诉小男孩:"告诉他去城中心,朝北走到井边,然后在井里往下数七块石头,在那里有一块石头是松动的。我从德克萨斯银行抢来的钱都在那块石头后面。"

小男孩微笑着对巡逻队员说:"乔治·罗德里克斯说他这辈子没有什么遗憾,已经准备好去见上帝了。"

我们听见什么以及如何领受所听到的信息都是非常重要的。你有一颗为神而活的心,所以你也会听见祂的声音。耶稣说:"我的羊认得我的声音。"宣称我们听不见神的声音是一件危险的事,因为耶稣说过:"我的羊认得。"我们是祂的羊,所以我们可以听见。

有一个晚上我在带领小组聚会时问道:"我们都能听见神的声音,对吗?"小组里的每个人都说:"是的。"

我接着说:"但我毫不怀疑,听神的声音对你们每个人来说都不一样。"他们都听到过神的声音,但各自的方式都不一样;然而每一个人都要靠信心相信,当神对他们说话时他们可以听到。

不要只是读经经,要去留心听神的声音。神话语的重要性是不可动摇的,但圣灵直接对你的灵说的话也同样重要,要学会分辨祂对你说话时那安静微小的声音。神的国在你里面。天父很乐意把这国度交给你,而且现在它就在你里面了。学会聆听神对你说话,你将经历到祂的国度。

祂对我们每个人说话的方式不尽相同,因为每个人都是独特的。有时人们会问我:"你如何听到神的声音?"我不会告诉他们。这不是出于吝啬,只是任何时候当有讲员说起神时,人们都会觉得他对神有一种特别的洞见。我并非与众不同。曾几何时,我也热衷于探究别人的秘诀,想知道他们如何听到神的声音。如果他们告诉了我,我就会说:"我也要试试。"

但神对我们说话时,用的都是我们自己能够明白的方式。所以如果我告诉别人自己怎么听到神的声音,而他们还不是很确定自己听神声音的方式,那么他们会怎么样呢?他们会认为我拥有听见神声音的唯一方法。但我的方法只是我的方法,我没有一个可以让他们听到神声音的固定方法。如果你说:"这就是神对我们说话的方法",那么你就有可能误人子弟了。我只会鼓励他们去相信神会对他们说话,因为事实就是如此。

我不会试图去定义你听到神声音的方式,因为世间可能有不下50种不同的方式存在。祂可能通过他人、圣经经文或者环境对你说话。最常见的可能就是圣灵对你的灵说话不是要告诉你去做什么,而是要对你说"我爱你"、"有你作我的孩子我很高兴"或者"我已经喜悦你了"。当祂说话时,你一定会知道。我希望你可以适应神通常对你说话的方式,然后接受它。当你听到祂的声音或是感觉到祂的催促时,就放手去做吧。一个行动会引发下一个行动,由此会带来你与神同工的一连串举动。

我认识一位外科医生,他把自己的诊所交给两位年轻医生后就前往肯尼亚投身宣教事工。他说:"我要去那里服侍黑人,就像他们在四百年来一直服侍我们一样。"

当时我想,这家伙这是在干什么呢?他疯了。

后来我对妻子说:"你知道吗,当我辞职去专门传讲与基督的联合时,别人也是这么看我们的。"

"你要做什么?"他们问。

"我要去传道和教导,因为神是这么告诉我们的。"我回答。

"你们要靠什么生活呢?"

"神会照顾我们的。"

他们挠着头说:"丹和芭芭拉失去理智了。"

但神会对人说话,你知道,我们都知道。

有人会反对说:"告诉人去学着分辨里面的声音并且照着去行是很危险的。"

的确,这很危险。可这就是神建立祂的国度——一个内在国度的方式。在我们的最深处,祂将自己与我们的灵联合在了一起,并想要通过我们彰显出祂的生命。当我们学会听祂的声音并照着去行时,祂的生命就得到了最完全的彰显。我不是要贬低圣经的重要性,而是想要提升那内住在我们里面的道的地位。

只要仔细想一想我们就会发现,学习聆听和跟随神的声音其实是最安全的一种生活方式。除了真正按照圣灵的带领去生活,对自己和他人而言你还能找到其他更安全的生活方式吗?祂的方式总是爱的方式,这会让你成为一个最安全的人。

当然,撒旦会鼓吹:"就算祂在你耳边大声喊叫你也听不见祂的声音。"或者当你说你听见了神的声音时,撒旦会说:"你怎么知道那不是你自己的想法?"

这个问题我曾经问过一个和我一起做教导的宝贵姊妹。她的回答是:"因为我没有任何想要听到别的声音的渴望。"她的意思不是说自己听不到撒旦的诱惑,而是因为她知道自己的心是向着神的,所以她已在心中做了决定,当得到一个想法或感动时,她会将其视为从神来的声音而领受。

这对我们所有人都同样适用。它是一件需要凭信心去领受的事:我们决定自己已经听到神的声音了。这一点你无法解释,就算你可以,人们也会质疑你的理智是否清醒。但一旦你决定了,那么我鼓励你:"你听到了神的声音,就照着去做吧。"

现在,你可能会对我说:"我这么去做了,但结果却不尽如人意。"我会说:"那又怎样?"太长时间以来,我们都根据结果的好坏来判断一件事是否是神的旨意,或者自己有没有真的听到神的声音。结果是神的事,你听到祂的声音然后去遵行就够了。

你可能会说:"我要是听错了怎么办?"

我承认存在这个可能,但也不要因此止步不前,不然你怎么可能学会呢?当一个幼童站起来准备迈出第一步时,妈妈爸爸都会飞奔着去拿相机,要记录下这激动人心的一刻。小宝宝摇摇晃晃地寻找平衡,父母站在几步远的地方说:"加油,加油。你可以的。"大家都准备好看宝宝迈出第一步,但往往会发生什么?小家伙摔倒了。但没人在意。他们说:"站起来。加油。"他站了起来,再次试着迈步,然后又摔倒了。"加油。站起来。你可以的!"

我从来没有听到任何人在自己的宝宝第一次摔跤后说:"哦,不。我猜你是永远走不了路了。你试了一次但是跌倒了,这辈子你就只能靠爬了。"

如果只是因为某人说我们永远不能走路,所以所有人在长大成人以后还是手脚并用地在房间里爬行,这不是很可笑吗?这样的事是不会发生的。小宝宝可能需要几天才能掌握平衡,但你知道孩子被造就是要走路的,于是你不断地肯定他,自己也从来不去怀疑。不要把注意力放在跌倒上,而是要持定你知道的真理,最终你会看到自己所相信的:那个小宝宝开始走路了。

聆听神的声音也是如此。如果你跌倒了,不要担心。要学会聆听,一开始犯下的错都是学习的一部分。

就好像宝宝的父母一样,神不担心你的跌倒,他们知道孩子一定会跌倒。尽管相机在手,准备记录孩子的第一次成功,但说真话,你知道这个孩子需要好几天的尝试才能最终找到平衡,跟跟跄跄地迈上几步,而此时每个人都会鼓掌欢呼。在你学习聆听神声音的过程中偶尔失败没有关系。我就是通过这种"排除所有错误做法"的方式学会烹饪的。我说:"好吧,那样不行。"必将有一天,你会学会如何做好。

所以不要担心跌倒。去学习神对你说话的方式,然后跟随祂。从祂放在你里面的声音获得建议,要比从任何自助书籍中寻找帮助更好。这些书里介绍的都是别人自己的做事见解,不一定是神要带领你的方式。

信靠神的灵,听祂说话。祂是我们的师傅。我们可以相信,祂会教我们如何正确地聆听祂的声音。圣经只将师傅的角色给了一位,那就是圣灵(《约翰福音》14:26,《约翰一书》2:27)。我们这些人只是信息的传递者、报告者和阐释者。如果要成为属灵之人(这是我们的命定)就要明白我们只有一位师傅。

我前面提到过,我曾被诊断患有晚期癌症,并在1994年接受了化疗。第二年春天,在继续化疗期间,我里面开始出现了一句话。它并非来源于我自己,虽然我之前也做过不少自失的信心宣告,但在心底深处,我知道这是神正在对我说话。我听见祂说:"你做CAT扫描时,结果会显示你已经没有癌细胞了。"

我的CAT扫描被安排在那年7月。一开始我没有跟任何人提过这事,我想,我是不会说这样的话的。但它却始终挥之不去。"你七月份的CAT扫描结果将显示你没有癌细胞了。"这次,这句话更加强烈了,所以我告诉了一个人。不知不觉中,我向一小群人透露了这件事。接着,只要是有兴趣知道的人我都会告诉他们。在几次特会上,我更大胆地说:"是的,主告诉我,当我做CAT扫描时,结果会显示我没有癌细胞了。"我开始相信这句话了。

七月我去医院做了最后一次化疗,同时接受CAT扫描。技术人员把我放在扫描台上,一边为我做准备,一边说:"我们只能祷告,愿你有一个好的检查结果。"

"亲爱的,我必须告诉你,"我回答道,"主已经告诉我,我痊愈了。"

二十分钟后,她在旁边的控制室里说:"我不是你的医生,但是你看上去已经没有任何问题了。"

后来医生也来了，我问他："你怎么看，医生？"

"我们把这叫做临床症状缓解。"他说。

"我说这是神的医治！"我后来意识到，神没有用"医治"这个词。祂说："你将没有癌细胞。"

神的灵用以利亚当年听到的那个安静、微小的声音对我的灵说话了，我知道这话不是从我自己里面来的。

我妻子的癌症就没有被治好。有一天我问她："芭芭拉，很多人都在为你祷告。神有没有告诉你，你会被医治呢？"

"没有。"她回答。

我不知道为什么祂告诉我，我的癌细胞会消失。如果我是神，我会选择医治芭芭拉，而不是我。我分享这个癌症被治愈的故事是为了说明一个道理：内在的话语才是真实的。要去培养你的内在生命，因为那才是真实的所在。

以下是关于聆听神声音的三个实用要点。首先，你多半会在混乱中听到祂的声音。当外在的环境或者魂里的煎熬让你痛苦不堪，而你里面已不能产生任何良好的感觉时，你将会听到祂的声音——祂的圣灵直接对你的灵说话。当外在的一切（包括你的魂）都不能证实这些话时，你就更清楚这是祂在说话了。

其次，我们可以培养聆听祂声音的能力，比如单独和祂待在一起，专心去听。通过观察我发现，基督徒大多很难完全与神独处。我们想要找人说话，因为在说话时，我们不用面对自己，也不用去面对神。祷告既是说话，也是聆听。但聆听是很难的，要相信你可以听见极具挑战，你需要花时间安静地去聆听。

最后一点是：你会去做神感动你做的事。当信徒学习相信基督通过他们而活时，他们常常会质疑自己的动机："我怎么知道这不是出于我的私欲呢？"

谁是这个控告的幕后主使？在这个节骨眼上，我们离活出一个自发的、被圣灵引导的生活尽有一步之遥，所以撒旦想要挑战我们会不会去做神感动我们的事。

我们会做。单凭过去的经验就足以证明这一点了。在我们还试图通过自身努力活出基督徒的生命时，就已经想要顺服神了。只是我们做不到而已，因为我们还没有学会靠着圣灵而活。但我们心中的渴望一直是遵行祂的旨意。

现在我们已经学会不仰赖自己的努力挣扎，而是靠祂在我们里面的声音而活，所以更不必寻思："我真的会做神想让我做的事吗？"

我们里面的人的意思总是与神协同一致的（《罗马书》7:22）。从祂呼召我们进入祂的国度的那一刻起，我们就一直想要遵行祂的旨意。从前，我们只是不够认识祂，不知道让祂通过我们来做事。现在我们可以了。我们越认识祂，越多地听到祂的声音，就越能通过一种自然自发的生活方式来彰显祂的生命。

你的心是向着神的，你能听到祂的声音，也会照着祂的声音告诉你的去行。

做决定

每一天,每个人都会自然地流露出自己的生活习惯。我们不会严肃地去思考它,也不会为此过分费心,起床后就照着习惯去做了。我们都有工作或者需要履行的责任,所以起床后会开始去忙活这些事。一生中的大部分时间都是这样度过的。

但是这在两个地方可能会出现问题。首先,一些生活的自发进程(包括我们的重大决定在内)可能会产生不尽如人意的结果。我们采取某些行动,结果反响不佳。尤其是在短期或中期后,当我们回顾时,就会把它们定义为错误。但是我们需要知道,仅仅由于得到的结果不甚令人满意,并不能证明我们犯了罪或者错失了目标。它甚至不意味着我们犯错、离开神的旨意了。

神学院即将毕业期间,我开始寻找可以去牧会的教会。作为面试过程的一部分,一个肯塔基的乡村教会邀请我去讲一次道。我知道如果他们想让我作他们的牧师,我也愿意。那时我对自己与神的联合一无所知,仿佛是在一个与神隔绝的状态里为神而活。我生活的信念是:"你要么认识神的旨意,要么错失神的旨意。"自然,我想要活在神的旨意中。

那个教会聘用了我,于是我们举家搬了过去,我且把它叫做"第一个教会"。那里真的很棒,有一群年轻人,他们的孩子和我们自己孩子差不多大。会众都热衷服侍,而且都很配合带领。我们在那里很开心,也很满足,但我对妻子说:"芭芭拉,我们不会在这儿待太久。毕竟,在一个乡下教会里,能为神做多大的事呢?我要为神做大事,所以我们得到城市里去,那里有更多的人。"

于是等到第一个搬到城市教会的机会来临,我便下定决心要把握住它。因为想要得到这个机会,到更大的地方去服侍,实现我的梦想,所以我得出结论:"没错,这是出于主的,是神的旨意。这是我计划中的下一步,现在机会来了。"

于是我抓住了这个机会,举家搬走了。芭芭拉哭了一路。我们搬到那里大概两周后,就有人来登门拜访。这人是教会的一位执事,他说:"斯通弟兄,我想和你谈谈。"

"好的,请进。"我回答道,"进来,请坐。"

谈话的内容可以归结为一句话:"我认为我们做了一个错误的决定。"

那次谈话就是我在"第二个教会"的最高潮。从那以后,情况越来越糟。第二天晚上,所有执事都聚在教会要和我谈话。我坐在那里,听他们解释为什么他们认为自己做了个错误的决定。为了避免教会冲突,我们达成一致,等到机会来临我就向会众宣布自己要离开的消息。

这一等几个月过去了,一个朋友从佛罗里达打来电话,给我提供了去一个小教会试讲的邀请。在去那里的路上,芭芭拉问我:"丹,你怎么确定这次搬家是主的旨意呢?"我深入思想了圣灵的事,默想了圣经的话语,然后得出了以下深刻的结论:"如果他们没有执事,就说明这是主的旨意。"

那个主日的早上，我走进教堂，准备试讲。教堂里铺着陈旧的水泥地板，歪斜不平，浸透了湿气。我抬头看看下面的会众，座位有四分之三都是空的。到场的大概有一百一十五人，其中至少有八十位都超过了七十五岁。几个熊孩子四处乱跑，没有家长看管。他们对教会一无所知，而他们的行为也让现场变得嘈杂不堪。一位坐在第一排的老者严重失聪，就算身边雷鸣也听不见。他坐在这些小孩中间，孩子们在座位上爬上爬下，乱扔纸团，把告示纸撕得稀烂。其他人都坐在会场的后面。我对神说："我要来这儿吗？"

礼拜结束后，我被告知："午饭后我们会和教会的带领人开个短会，看看大家是否有兴趣邀请你过来牧会。""都有谁来开会呢？"我问道，"执事们来吗？""我们这里没有执事。"

我对神说："哦，不。你怎么又这样对我！？"

于是我们搬到了"第三个教会"，度过了一生中最精彩的四年。

我想说的是，按照我从前的想法，可以认定选择第二个教会俨然是个错误。我会觉得自己错了，甚至可能犯了罪，因为我错过了神的旨意。但让我告诉你事实的真相：按照当年的做事方式，我永远不可能从第一个教会去到第三个教会。我绝对不会从那个可爱的乡村教会搬走，主动请缨去牧养那个乱作一团的教会。另外，乡下教会的人数比第三个教会要多不少。从人的角度来说，我绝对不会选择从第一个教会去到第三个教会，但我很愿意从第二个教会到第三个教会！乐意之至。

多年来，按照自己从前对善恶的理解，我一直认为去第二个教会并不是神的旨意。但后来我看到了这个真理：万事万物都有神的旨意。我看到，当我想要去第一个教会时，神说："可以。"然后当我想要去第二个教会时，神说："可以。"然后在我急需第三个教会时，神说："可以。"我发现第二个教会就是祂在那个时候希望我待的地方，而我也从未走出过神的旨意。但那时的我还活在表象中：如果一切顺利，就是出于神的，否则就不是神的旨意。然而，所有这三个教会都是神在我生命中的正面表达。

我想让你看到，除非做了什么大错特错的事，你是不会跑到神的旨意之外的。祂会使用你生命中的一切来完成祂作为陶匠的工作。陶匠所做的就是把泥土扔回转台，重塑一次。对我而言，神只是把那个部分拿出来重新塑造了一遍。祂没有将其销毁、扔掉，对祂而言它依然有用，只是需要返一次工而已。那就是祂对你所做的：把那个地方揉搓、揪下，再重新塑造一遍。

在神的经济中，其实没有真正的错误。有一些经历确实令人不堪回首，但除非圣灵指明，否则你没有犯罪，也没有错失神的旨意。你和神是合而为一的，你就是神的旨意，祂通过你来表达自己。祂也会使用你做过的所有决定，就好像陶匠不断锤炼泥土一样。

第二个关于决定的问题是：如果我需要做一个快速的决定，又没有时间祷告，那怎么办？圣灵要如何给我指引呢？我们可以借着下面的信念来解决这个问题：即便在我们的匆忙中，祂也与我们同在。就算是快速的决定，也是祂的作为。就算我们不知所措，祂也是我们的引导。

这些环境把我们推向信心跳板的更远端，从那块跳板上撤退就等于质疑你里面神的能力。我们可以选择信靠祂的带领，踏上那块信心的跳板，就算自己必须马上做个决定也不例外。

在我到各地教导"与基督的联合"十五年后，我在肯塔基乔治城大学一起共事过的一位朋友接受了弗吉尼亚州一所浸信会大学的校长任命，芭芭拉和我去参加了他的就职庆典。在前去的路上，我对她说："我要去问问我的那些老朋友有没有适合我的职位可以推荐。"就这么简单直接。我没有祷告："主啊，你有没有为我准备什么……"我只是对我的朋友说："你们有没有什么可以让我干上两年的工作？"我甚至没有把它当回事。结果我得到了两个工作机会，并接受了其中一个在阿拉巴马州伯明翰桑福德大学的教职。

那是在十一月份。就在我们为搬家做准备时,妻子在十二月中旬被查出患有卵巢癌,圣诞节后的第三天她就接受了手术。再早两个月,我们就没有任何医疗保险,但桑福德大学的工作让我可以选择一个卫生维护组织的保险计划,把上险之前就存在的健康问题都涵盖在内了。在芭芭拉剩下的日子里,他们为她提供了最好的医疗服务。

我真的感到十分惊讶,神竟然通过一个我自认轻率的举动,为我打开了那扇大门。我并没有把它当回事,也没为此透彻祷告,但神并没有因为这个轻率举动就把我丢下。那不是唯一一次神在我随性的决定中挺身而出了。

凭着信心纵身一跃吧。如果你需要快速地做一个决定,你要相信神会通过你来做这个决定。一旦你迈出了这一步,就不要担心结果,只需让神来工作。结果可能或好或坏。如果你过于关注这些,那么你就只是在从结果中汲取生命了。不要这样,从神那里汲取生命才对。

这为什么重要?因为太多基督徒都不可救药地想要在每个决定中破解"神完美的旨意",结果却陷入泥潭,动弹不得。我该去上这所大学还是那所大学?是该接受这份工作还是那份工作?是该买这栋房子还是那栋房子?是该去这个教会还是那个教会?是该点意大利辣肠披萨还是普通香肠披萨?这听起来或许荒谬,但不少基督徒为了辨析神的旨意已近陷入了这种不敢动弹的状态。多数信徒或多或少也处在一种部分瘫痪的状态。

神不希望我们活在这样的光景里。这种想法来源于一种"分隔"理念:"神在那上面,我在这下面。我得想办法搞清楚祂完美的旨意是什么。"但我们和神之间已经没有隔绝了,你和神已经合而为一。祂住在你里面,通过你而活,引导着你。

我在这里不是要削弱十九章中所讲的花时间和神在一起、培养聆听祂声音的能力的重要性,而是说很多基督徒因为以为这一切都取决于我们自己以及我们听见神声音的能力而变得瘫痪。然而事实是,一切都是关乎基督的,祂是通过我们活出来的那一位。如果我们愿意为祂所用,那么确保我们能够听见就是祂的责任。

我们常常听到《以赛亚书》的这节经文:"耶和华说:'我的意念非同你们的意念,我的道路非同你们的道路'"(55:8)。这在旧约的历史背景中是真实的,因为那时还没有新约和新生。因为祂藉着圣灵生了我们,又把圣灵放在了我们里面与我们的灵合而为一,所以我们可以说:"我的意念就是祂的意念,我的想法就是祂的想法,我的渴望就是祂的渴望。"我们可以自然、自发地过我们的生活,不必担心转错路口。

有人也许会说:"但要把老我除掉是很难的。"

这是一个我们常常光顾的陷阱。我们有这个自我怀疑的习惯:"不要相信你自己!"这是可以理解的。毕竟,过去冗长的记录已经足以证明我们不该相信自己。我们那个不依靠神独立行事的假我确实不能被信任,但那个有祂的内住和联合的自己是可以相信的,因为通过你而活就是祂的运行方式。只需要说:"我要靠着信心说,我自己已经被除去了。"除非铁下心来决定作恶,否则我们不会想要做一个邪恶的决定;除非刻意选择不顺服,否则我们不会想要做一个自私的抉择。所以让我们相信自己不会这样做吧!让我们相信祂会自发地通过我们并作为我们活出祂的生命。

因为有了与基督的联合,我们可以说:"我要以不同的方式来看待自己。我是一根天线,是一个触点。我只想要神想要的。我是祂在地上的器皿,是祂触碰他人的联络者。所以我要相信祂正在通过我而活。"

祂不会**奖赏**我们的不信,而要**奖赏**我们的信心。所以**让**我们相信祂会在我们的决定中运行吧,因为**事实**就是如此。

疏离的生活方式

❧

我们这些详尽写作或教导与基督联合的人总是强调我们是谁高于我们做的事。事情本该如此。在属灵联合中，我们的所作所为都来自于我们的身份。但是如果要让耶稣自由掌权、通过我们而活——如果要真实地经历到祂的丰盛生命——我们就必须做出一些选择，其中一个是不要让自己执迷于这个世界的价值观。

大多数人都在满负荷运转，他们的生活已经填满。如果我们带给他们的只是一个宗教，就算他们再有兴趣，充其量也不过是把它挤进自己本已满满当当的生活里，仿佛它只是一张大饼里的小小一块。宗教总是整体生活中的一个部分，能挤进我们忙碌生活中的也不过是一点点宗教活动而已。

我们这些接受耶稣作为救主的人实在太忙碌了。在耶稣的比喻中，我们常常是那些被撒在荆棘里的种子："就是人听了道，后来有世上的思虑，钱财的迷惑，和别样的私欲进来，把道挤住了，就不能结实"（《马可福音》4:18-19）。

在耶稣的比喻中，这些人的问题就是太过忙碌。这就是今天的世界，不是吗？好人们（信徒们）实在是太忙了："是的，我爱主，但我真的太忙了。"然后，作教师的我们拿着一角宗教的饼出现了，恰逢人们正在寻找自己应付得过来、可以塞进那原本已是满满当当的生活中的另一角饼。

有人来特会听我讲道总会让我很高兴。然而，我知道如果他们仅仅是在寻找另外一小块能让自己生活变得更开心、更简单、压力更少的饼，那么他们就错失了重点。耶稣要给你的不是另一角饼，也不是要往你的伤口补一块创可贴。这真的不是祂要的。

我向人们传讲的不是宗教，而是生命。而且我讲的不是把一块名曰"基督在你们里面成了有荣耀的盼望"的饼，硬塞进你原本应接不暇的生活中。我所讲的是一种完全不同的生活方式——不是忙碌生活里的一部分，而是一个可能导致一些人彻底重新定向生活的急剧变化。

让我们坦白来说吧：我们做的很多事都不是必要的。我很喜欢母亲曾经说的话："我不会试着赶上琼斯一家；因为我就是琼斯（注：源自英语表达'赶上琼斯一家'，意思是：努力在物质方面不落于人后）。"其实她并不是，但事实上我们辛苦奔波所做的大部分事情就是为了能和其他人看齐。

作为一个上了年纪的人，我意识到现在我所需的东西并不太多。不过我身边也不乏观察新一代人的机会，说真的，我从未见过这么多东西。我去到别人家里，不得不迈过他们散落地上的各种物品，他们的储藏柜也都已经塞满。我去拜访一些好朋友，在他们客房的衣橱里我连三件衬衣都挂不进去，因为里面已经挂满了裙子。似乎每个人需要的东西都越来越多了。

我们生命中很多的活动都围绕着一些不需要的东西在打转。如果要从看不见的永恒角度来生活，我们中的一些人就得做出些改变了，否则，我们的注意力就会不断地被那些可见、暂时的事物吸引，无暇顾及其他。

越是让世界用各种霸道的"优先事物"将自己缠累住，我们就会陷入越多的陷阱里。这是一个不争的事实。我只是想让你和圣灵一起来反思这一点：你在努力追求的那一切真是你需要的吗？

我在很久以前就决定不加入电脑时代了。那时我已经七十多岁了，我拿电脑来干嘛啊？我只需要用算术做好收支计算就好了。这么多的新词汇和互联网对我有什么用呢？澎湃汹涌的信息浪潮向我们席卷而来，然而我们连"爱人如己"都还没有做到。我还在忙着学习如何做到这一条，你呢？我们为什么需要那么多信息呢？它只会让我们不堪重负。当然，我已是过气之人，也承认人们需要使用新的科技。但这些东西到底是使我们的生命更加丰盛了，还是偷走了我们的宝贵时光呢？

我发现兴趣所在的地方，就是我花费时间最多的地方。我用不着努力将那些事挤进我的日程里，我非常乐意把自己的心思、生命和时间都用在我的热情上。耶稣说："你的财宝在哪里，你的心也在那里"（《马太福音》6:21）。我希望神就是我的热情。

我的注意力不断被新约中那些乐意聆听耶稣讲道的人吸引，我觉得他们很有意思。我知道他们可以这么做的其中一个原因是，他们不需要充面子。那些不乐意听耶稣的人往往都是好面子、爱攀比的人。"我的外形比你好。我住在城市的另一头。我的教育程度比你高。我的银行存款比你多。我的教会比你大。"

但那些妓女、税吏、麻风病人、瞎子和瘸子倒没有什么面子好装，他们也不介意耶稣没有任何光鲜的外物。他们是已死之人，在耶稣里看到了生命。在被蒙蔽、心烦意乱时，你无法看到生命；一个饥渴的人则很乐意去聆听。

我希望我对"基督是我的生命"的认识成为一种生活方式，而非一件生活的附属品。它不是大饼中的一角，它就是那整块饼。我想这也是你的心愿所在。基督是所有的一切，是我们想要的全部。我们这些瘸腿的人想要让自己全然降服于祂，但如果还依恋世界，就无法做到。

耶稣在地上生活时就是一个疏离的状态。不是与人疏离，不爱任何人；而是和世界疏离。祂只想行父的旨意。外在领域没有任何事物可以加强祂的身份感。那就是我所说的"疏离"的状态。耶稣可以完全自由地在这个世界中行事，因为这里没有任何祂想要占有、超过祂想被天父占有的事物。

这或许也是你正在经历的。如果不是这样，那么你就陷入了一场严重的混战之中，因为神会强行让你把手松开。不管你手里还抓着什么东西、什么人或者什么抱负，你都会因其深受痛苦——即便现在没有这样的感受，以后也一定会有。你在那个方面还没有得到平安，是因为还有外在的事物在带给你肯定。

在阅读时，我注意到旷野教父（主后几世纪里的早期基督教修士）使用的一个词。它的希腊文是hēsychios，在圣经中只出现过几次，常常被译作"过一个安静人生"。保罗告诉帖撒罗尼迦人："又要立志作安静人，办自己的事，亲手做工"（《帖撒罗尼迦前书4》:11）。他敦促要为众人和在上掌权者祷告，"使我们可以敬虔、端正，平安无事地度日"（《提摩太前书》2:1-2）。在这些经文中，保罗既使用了这个词的外在含义，又使用了它的内在蕴意。

我们可能在某些时期——或者至少在某些时刻——经历过外在平静安稳的生活。当我和妻子还注重外在时，我们喜欢去那些僻静的地方度过周末，逃离生活的嘈杂。我们会打破平日的惯例，把几个孩子留在家里，请别人为我们做饭。这样很安静。我不是说没有任何噪音，而是说没有了惯例的束缚。这些休闲的地方都很静谧。

然而当我们启程回家时，安静的感觉便会逐渐消失。等到开车回到家时，我已经回到了出门前的状态。我要走进家门，管教孩子，重树我的权威形象，夺回我的空间。我又回到了离开前的样子，因为安静对我而言完全是一个外在的事物。

我们可以在一段时间里制造出安静，也能够创造出一个恬静外在的氛围，让自己时不时可以享受安静。但我在这里所讲的是一种在我们的生命中自始至终都存在的内在安静。

旷野教父们追寻的就是一种安静的内在生活。他们是追求神的一群人。促使他们成为旷野修士的关键事件之一是公元313年罗马皇帝康斯坦丁对基督教的认可，从那时起基督教变成了一个被官方接受的宗教。这些人知道这一事件乃是新约基督教的丧钟。在那之前，基督教从未被正式认可过。它存在于社会边缘，一直是当权者的眼中钉。那时成为基督徒就意味着牺牲和逼迫。

然而随着基督教变成一个官方宗教，牺牲、奉献就成了历史；信奉基督教变成了潮流。在今天的很多地方，依然是这样，不是吗？它越流行，就越容易沦为一个外在的事物，同时也会越快地走向消亡。随着对我们而言的真实从内在转到了外在，生命也变成了死亡。

所以这些男女选择了逃离。他们去到西奈、巴勒斯坦、阿拉伯和埃及的旷野里，一心追求与神同在。他们将我们大多数人的业余爱好变成了毕生的职业——那就是爱神。他们将我们看作是饼中一角的事物变成了一项全时间的工作。

他们去往旷野是对是错和我要讲的重点无关。他们去那里发展与神在灵里的合一，将寻求神当作自己全时间的事业的做法才是我要强调的。

他们没有在外在追寻神，而是在内心里寻求祂，并且允许祂通过他们外面的生命来施展祂的工作。他们让神自内而外地改变他们，而不是努力从外在改变自己。就好像保罗对帖撒罗尼迦人的告诫一样，他们在努力做安静人，办自己的事，亲手做工。

放下对地上之事的思虑，把注意力放在分界线以上，注目那些永恒的事物。耶稣说："凡想要保全生命【魂的生命：psychē】的，必丧掉生命；凡丧掉生命【魂的生命：psychē】的，必救活生命"（《路加福音》17:33）。对一个眼睛只盯着短暂事物的人来说，"舍弃才能得到"完全不合情理，唯一有意义的是得到这个世上越来越多的好处。

神的国不属于这个世界。我们如何才能得到这个国呢？"你们的父乐意把国赐给你们"（《路加福音》12:32）。"我们所领受的……乃是从神来的灵，叫我们能知道神开恩赐给我们的事"（《哥林多前书》2:12）。

开恩赐给我们的。短暂存在的人类想要强行进入神的国（《路加福音》16:16），想方设法要获得主动权。而永恒、属灵的那一边的回答却是："我乐意把国赐给你们。"

条件是什么？耶稣对一个人说："去变卖所有，然后来跟从我。"对我们来说这意味着什么？疏离。让你自己远离一切可能会带给你虚假身份感的事物。并不是说只要贫穷就安全了，因为很多穷人对金钱和物质的着迷超过了那些富足的人。神自己乐意将祂的国赐给我们。条件很简单："饥渴慕义的人有福了"——就是那些认识到自己需要的人——"因为天国是他们的。"

祂说在我们里面有一个片可以安息的青草地，并邀请我们说："来和我一同坐席。"

一次耶稣在推罗的一户人家做客时，一位腓尼基妇人不请自来。我猜她不是什么虔诚的教徒，但在看到生命时就她能一眼把它辨认出来，并且会去奋力地争取。她相信耶稣定会屈尊俯就自己。她是对的。

还有一次耶稣路过一个地方时，盲人巴底买问旁人："为什么这么热闹呢？"

有人告诉他："拿撒勒人耶稣正从这里经过。"

"你是说那个能治病的神人吗?耶稣!耶稣!我在这里!"

"住嘴!"

"我不会住嘴的!耶稣!耶稣!"

他奋力挤了过去,最终重获了视力。

当你带着信心紧逼耶稣时,祂的心就融化了。很奇妙,对吗?"变卖你所有的一切,然后来跟随我。"如果我们想要抓住这世上的东西,可以。但如果只是追求神给的好处,那么我们就会错失那最好的祝福。而我们真正想要的就是神最好的祝福。

痛苦的礼物

我以前常买衣服送给妻子。这不是我很在行的一件事,所以往往在收到礼物后她很快就会拿去换成其他自己早已看上的东西。尽管这样,我的心是对的:我想要送她礼物。

给别人送礼是件好事,也很有意思。收到礼物是叫人高兴的一件事,尤其当拆开包装后看到一件自己特别想要的东西时,你更会欣喜万分。能收到那样的礼物肯定会让你激动不已。从神那里收到礼物也很棒。我们有多少人收过祂给的礼物呢?所有人。我们的救恩、神的儿子、祂的圣灵、我们的家庭、配偶和子女——都是从祂来的礼物。

但是这里还有一件通常被我们忽略的礼物,我把它叫做"痛苦的礼物"。不知道你是否将痛苦视作礼物,但它就是。无论是最初的邂逅还是后来被神更深地得着,我们大多数人之所以被神吸引都是因为经历了痛苦——是疼痛、心碎、失望或沮丧把我们带到了神的面前。

事实是,只要生活还过得下去,我们就不会觉得自己需要神。我们敬祂是神,但生活靠自己就挺好了。然而一旦陷入困境,我们就会希望祂能帮助我们走出泥潭。而祂说:"那泥潭是我造的。为什么要我把你带出来呢?"

这就是痛苦的礼物。

痛苦于我并不陌生。当我在几年前痛失爱妻时,我经历了痛苦。二十年前,我在婚姻中也经历到了痛苦。我知道我爱妻子,却缺失了爱的感觉。我的情感暂时脱轨了。为此我羞愧难当,痛恨当时的状态,也恨自己。

但神就在其中,祂在芭芭拉的生命中使用了那段时间,让她不再把我奉为自己的偶像。芭芭拉和我共同生活了四十多年。前二十年波澜不惊,后二十年则可以用弥足珍贵来形容。

神使用了我生命中的痛苦,让我放弃了试图依靠自己成功拥有信仰生活的努力。我的肉体在崇尚律法和道德主义的同时,又桀骜不驯。我以为自己高尚圣洁,但神让我看到,只要环境允许,我完全有能力做出自己能想到的最邪恶的勾当。我原以为自己不屑于那些事。这份痛苦的礼物为我日后领受与祂联合的信息铺平了道路。

通常在圣经里,神为自己预备合用之人的主要方式就是通过这些痛苦的礼物。旧约中的约瑟被自己的兄长扔进坑里,变卖为奴,被诬告,被打入监狱,被人不公地遗忘在牢房中受苦。最终他成为了埃及的宰相,但一路走来,尽是坎坷和艰辛。从人的角度讲,他有权利愤世嫉俗。

然而后来当他的兄长落到他手中,可以任由他摆布的那一刻,他的反应是什么?"从前你们的意思是要害我,但神的意思原是好的,要保全许多人的性命,成就今日的光景"(《创世纪》50:20)。神的意思原是好的。祂使用约瑟生命中的痛苦,不仅仅是为了缔造他的信心,更是为了解救他的父家

——当时的整个犹太民族。正如当初我面对癌症时一样，约瑟拥有同样的特权。他大可选择去看见兄长的邪恶，但也可以选择去看见神在其中的旨意。他选择了后者。

圣经中还有很多人的人生都阐释了痛苦这个礼物的意义，但我只想提其中的三个人：摩西、大卫和彼得。摩西被法老的女儿当作埃及人抚养，自小在法老的家中长大，享受了埃及最优越的物质条件。有人猜测摩西可能和约瑟一样，会成为国家未来的管理者。

但是后来摩西发现自己的真实身份是希伯来人，他的同胞一直生活在埃及人的奴役之下。他渴望拯救自己的百姓脱离压迫，所以出去杀死了一个正在苦待希伯来人的埃及人。他的理由是："这么一来，这些人就会看到我真的站在他们一边了，而且为了他们不惜杀人——我是他们真正的领袖。他们会响应我的。"

接下来事情的发展却出乎他的意料。消息总会传开，不是吗？不仅是希伯来人听说了这事，法老也知道了他的所作所为，并将他列为埃及十大要犯之一。摩西害怕了，逃到了米甸的旷野，一个荒无人烟的地方。我们下一次在圣经中看到他时，他正独自坐在井边，阴郁而痛苦。

他成长在法老的宫殿里，世界对他来说唾手可及。他的梦想是要解放自己真正的同胞。但现在他不仅把这事搞砸了，并且还失去了所有的特权，丧失了成为埃及领导者的机会。他肯定追悔莫及。然而神就在摩西的困境中。

后来摩西在米甸定居，结婚生子，以牧羊为生。一日，他看见一片荆棘着了火却没有被烧毁，于是过去想看个究竟。一个声音告诉他说："把你脚上的鞋子脱下来，因为你所站之地是圣地。"

这时，摩西逃离埃及已经四十年了。是哪四十年呢？是男人一生中最精壮、最有成效的中间那四十。当摩西在他人生的头四十年里想为神做大事时，他可以说："看看我的影响力：我在法老家里长大，我能为这些人做些事情。我可以让他们脱离奴役，甚至可以带他们离开这个国家。"他知道自己拥有人的力量，那时的摩西并不需要神，靠着自己就可以做到。

那时的摩西刚到而立之年，正是干大事的年纪，而神拒绝了他的努力。结果他痛苦不堪地过上了逃亡生活，隐姓埋名，在异乡开始新的生活。足足过了四十年时间，他才接受了现状。

现在他八十岁了，神的呼召偏在这时临到他。神说："摩西，我听见了我百姓的哀声……我下来是要将他们从埃及领出来。"你肯定认为摩西会大感欣慰吧？这可是他等了一辈子的机会啊。但不是这样，他并不怎么高兴。他可能在想，你怎么等了这么久才出现呢？四十年前我就准备好了，那时你在哪儿？但那就是问题的所在——那时他准备好了，他有能力，也有影响力。而那正是神无法使用我们的时候。当我们拥有所有资源、能力，当我们还能行的时候，神反而不能使用我们。这是很难学会的一个功课，因为世界的教导与此恰恰相反。

神对保罗是怎么说的？"当你最软弱的时候，我能在你里面彰显我的力量"（见《哥林多后书》12:9-10）。你无法完全用理性来理解这一点。它叫人难以置信，无法接受。但在你里面的圣灵同证说："那是真理。等你什么也给不了我的那一天，就是我可以使用你的那一天。那才是我可以用你的时候。只要你认为自己还行，还有能力，就会想要分享属于我的荣耀。但我不会和任何人分享我的荣耀。"摩西最后终于信服了，而神也通过他拯救了祂的百姓。

为你的痛苦感谢神吧。因为它会预备你成为合神使用的器皿，让祂的力量——而非你的能力——涌流出来。这似乎完全没有道理，但你的软弱就是你的力量，你的痛苦孕育着你的盼望，你的死亡结出的是你的生命，在你的一无所有背后是祂的丰盛供应。

神的作为何等奇妙！从粪堆中培育玫瑰，从苦难里成就属神的伟人。为你的苦难感谢神吧！为你的痛苦感谢神,不要将其归咎于撒旦。如果你要责怪撒旦,那么就用约瑟的话吧:"魔鬼的意思是要害我,但神让他的诡计落空,成就了祂美善的旨意。"

和从前摩西一样,大卫也是个坐拥世间一切的人物。他曾是全以色列最有权势的一个人,可以随心所欲,为所欲为。他爱神,对神有信心,是神被神重用之人。但他看上了别人的妻子,并差人去打听她的情况。他想做的可不止是要了解她那么简单。

我们都知道大卫和拔示巴通奸的故事。拔示巴怀孕后,大卫设计想要欺骗她的丈夫乌利亚,让他以为孩子是他的。计划落空后,大卫就派他去到前线送死。

于是大卫犯了奸淫和谋杀两项罪行。正当他以为自己可以逍遥法外之时,先知拿单前来给他讲了一个故事。由于大卫是个合神心意的人,所以他被故事中的恶人激怒了——直到拿单指出,他就是那恶人。

你觉得对大卫来说,情况还能变得更糟吗?这时他已经痛苦到了极点。他可以四下张望,看看是否有人听到拿单的话。"有人听见了吗?也许我还能再把这事掩盖起来。"但他没有。我们在《诗篇》51篇中看到了大卫的反应。这是一篇关于痛苦的美丽诗篇:

神啊,求你按你的慈爱怜恤我,按你丰盛的慈悲涂抹我的过犯! 求你将我的罪孽洗除净尽,并洁除我的罪! 因为我知道我的过犯,我的罪常在我面前。我向你犯罪,惟独得罪了你, 在你眼前行了这恶, 以致你责备我的时候显为公义; 判断我的时候显为清正(《诗篇》51:1-4)。

他没有寻找借口,而是诚实面对。这样做很有必要,不是吗?你所隐瞒的你必须承认,你所掩盖的你必须揭露。大卫什么时候和神交涉?当他坠入最低谷时。你什么时候和神交涉?当你的生活崩塌的时候。在此之前,我们都会和神做游戏。

我曾经和好友比尔·霍基(Bill Hodge)一起办退修会。我告诉他过去几年在某个城市里一共有多少人参加过我们的特会,相比之下真正领会的人少之又少。比尔说:"人们来听我们讲道是因为他们希望神把他们带出某个困境。我们却告诉他们,困境是神的作为。我们问他们:'你想要神,还是想要得到困境的解脱?'"

我们说我们要神,但其实我们真正想要的是神来解决问题。我们想要得到解脱,希望压力都被挪去。然而当我们再没有任何事物可以拿来当作交换的筹码——当我们痛苦到一个地步,以至于除了肮脏的破烂之外再没什么可以摆在祂面前时,祂就准备好和我们做交易了。

在我读了巴克利(William Barclay)写的一本书后,我就开始每天做一个祷告。那本书上写到,耶稣在十字架上所说的:"我将我的灵魂交在你手里!"其实是一个孩童的祷告。它其实就是"我现在躺下睡了"的犹太版本。这很触动我心——耶稣在十字架上做的是祂童年时的祷告。所以我晚上睡觉时会说:"主啊,我将我的灵魂交在你手里。"还有我的生命、我的意志。

在妻子过世后的悲痛中,在床上转过身来发现自己孤身一人时,在想起了一段珍贵回忆身边却没有一个可以分享之人时,我学会了这个祷告。发生了什么事?神通过我真实的生活经历,吸引我更多地去靠近祂,祂就是我真正的生命。我为苦难向神感恩。

和摩西、大卫不同,西门彼得不是一个坐拥权势、特权加身之人,而是一位追求神的渔夫。但他还没有学会主要教会他的功课。当耶稣问门徒认为祂是谁时,彼得大胆地宣告:"你是基督,永生神的儿子。"耶稣对他说:"西门巴约拿,你是有福的!因为这不是属血肉的"——包括你自己的头脑——"指示你的,乃是我在天上的父指示的"(《马太福音》16:15-17)。彼得经历了醍醐灌顶的时刻。他得到了一个启示,并且无法对自己所见的保持沉默。

但是时隔一日天,当耶稣开始说自己将在十字架上受死时,彼得却**责备**耶稣:"万不可如此!这事必不临到你身上。"多么自信,多么肯定!

耶稣回答说:"**撒旦,退**我后**边**去吧!你是**绊**我脚的,因为你不体贴神的意思,只体贴人的意思"(《马太福音》16:23)。

这变化未免也太大了吧。耶稣并不是**说**彼得真的是魔鬼,而是**说**:"彼得,你体贴肉体的意思,就好像撒旦的做法一样。当你成为真正的门徒时,你就会以不同的眼光来看待**这件事**了。"

在耶稣被钉十字架的前一夜,彼得**坚**持**说**:"不管别人会不会离开你,我绝不会离开。"祝福彼得的心,耶稣知道他真是那么想的。**过去我**也做过一样的夸口,可能你也有**过**类似的**经历**。耶稣知道我们在**爱**和仰慕中所**说的这些话**都是真心实意的,但祂也明白我们做不到。祂知道我们除了肉体的努力之外没有任何其他来**兑现**自己的夸耀或承诺的途径,也知道当情况不妙时,我们便会拔腿逃跑。

耶稣回答彼得:"西门!西门!撒但想要(注:要求)得着你们,好筛你们像筛麦子一样"(《路加福音》22:31)。你觉得撒旦向**谁**提出了**这个请求**?他肯定**请求过**主。撒旦可能已经问主要过你了。我想让你看到你所拥有的神有怎样的**权能**。简而言之,耶稣对彼得**说**:"我不会把你从**这火中取出**,我要让你**经历这件事**。但我会为你祷告,让你的信心不致跌倒。"

若是我,我会说:"主啊,如果你不介意,我想要的可不只是一个祷告而已啊。"你呢?"**再给我多一**点帮助吧。"

"不,我只会祷告,让你的信心不致跌倒。"那就是神要做的事,祂要教我们过一个有信心的生活。

果不其然,彼得否认了他的主。当耶稣被带离一个审判点时,祂看到了他,彼得便出去**嚎啕**大哭,痛苦不堪。而他流下的悔改眼泪是美**丽**的。耶稣**说**:"我祷告,愿你的信心不致跌倒。而你,再次**转回**后,要去**坚固**你的弟兄。"彼得就是**这样**做的。他从不认自己的主和救主的沮丧、挫败中站了起来。复活后,耶稣在加利利海向彼得**显现**,并三次问他:"**你爱我吗?**"彼得不认主也是三次。他三次都回答**说**:"是的,主啊,你知道我**爱**你。"彼得被重建了。他的信心不再是基于自己,而是在于他的救主。几天后,当圣灵降临时,**这个**曾经丢**兵卸甲的人竟充满了信心和火热,放胆向着人群传讲真理:"以色列全家当确**实地**知道,你们钉在十字架上的**这位耶稣**,神**已经立祂为主**,为基督了。"

"西门,当你回**转**,要去**坚固**你的弟兄们。"神通过痛苦的礼物**让这**成为了可能。

我们生命中都有过一些自己想要丢到一边、寻找借口、矢口否认的**经历**,却没有想过用它们去造就别人。但神会不断让我们**经历**到这些事情,直到学会其中的功课。当认祂为主时,我们就给了祂权利和特权在我们生命中做祂喜悦的事情。当然,我们以为和神同行的生活总会一帆风顺;那是我们还做婴孩时的想法。此刻当我们回首往昔时,就可以**说**:"主啊,那时我真的很痛苦。但也就在那个时候,你在我的生命中成为了真实。那时我向你的祷告才**变**得真正坦**诚**,那时我不得不告诉你我很**难**受,并把一切**摊**在你的脚前。你让那棵老树桩上**长**出了新枝,迸发出了新的生命。通过那个经**历**,你**坚固**了我,教导了我,重塑了我的生命,让我成为一个不会自认高过自己师傅的门徒。"

愿神**教导我们**在面对生命中的痛苦、艰**难**时可以**说**:"是的,但是……"。这就是"圣洁的但是"。

发生在我们身上的事情没有一件在神的旨意和**权能**之外。对每一件**发**生的事,我们都可以**说**:"神的意**图**是好的。"

而祂也会让我们从中**获益**。

浇奠

我永远无法忘记在路易斯维尔的一个特会上,一个朋友走到前面做的见证:"我妻子翻我的口袋、威胁我、告诉我我有多糟,我都能扛得住。但当她按我的本相爱我、不要求我改变自己的表现时,我无法抗拒那样的爱。"

在我们信主以前,你我都对神的爱一无所知。我们谈论过爱,但却不知道爱为何物。就算在得救之后也依然懵懂,因为我们还是活在和神的分离而非联合之中,仍然大多依靠感觉来与神和他人相处。神对我们的爱有多真,完全取决于我们的感受。所以我们一直坐在过山车上,以为神的爱和人的爱大同小异,然而事实并非如此。在新约圣经中用来代表神之爱的词是"阿加培(agapē)",而阿加培对于堕落之人而言并不自然。朋友之爱和浪漫之爱是我们熟知的,但对阿加培的爱却很陌生。神将阿加培的爱给了我们:"因为所赐给我们的圣灵将神的爱浇灌在我们心里"(《罗马书》5:5)。神通过爱的化身——耶稣基督,将祂的爱赐给我们。只有耶稣可以通过我们把祂的爱活出来;而爱是祂要通过我们做的唯一一件事。

阿加培不仅仅是情感上的同情,而是为他人谋求最大的利益。它既可以是严词厉语之爱,也可以是怜悯同情之心。我们把最好的给予别人,不再对自我的执念,而是迷失在神为别人所做的事情里。

当然,我们也可能暂时放纵自己,成为肉体生命的表达和一味的索取者。但我们都已经走过这条路,不是吗?我们学到了什么?那就像是喝盐水解渴一样,永远无法满足,永远无法让自己变得完全。而当肉体的体验被基督的生命代替时,我们就开始成为祂通过我们的人性活出祂的生命、彰显出祂爱的旨意的一部分。到那时,我们就可以真正说:"我的渴望被满足了。我发现了生命的意义。"

我们会经历到生命活水被浇灌在干渴世界之中的喜乐。那就是基督徒的生命。

正如章伯斯所说,我们是被浇奠的酒,是被撕碎的饼,供这个灵里饥渴的世界吃喝。我们不能选择把自己的生命交给谁;这是神的选择。祂会送来一些稀奇古怪的人。若取决于你,你不会选择他们。他们和你不是一类人,你看不惯他们,和他们并不融洽,但神却把他们放在你的生命里。他们可能会把你的生命吸干,因为他们太干渴了。你会想:"如果那个人再给我打电话,我就……"

在肯塔基篮球教练皮提诺(Rick Pitino)即将在电视上接受采访时,一位女士给我打来电话。我想,她会不会在他上电视前挂断电话呢,还是我得把电视声音调大些?我开始计划暗示她尽快结束谈话了。

但那是神的时刻,那才是生命中最为重要的。于是我对自己说,等一下。这位女士打电话来是要向我倾诉在她开车时另一辆车撞了过来,她的丈夫因此丧命的事。她想要谈这件事,而帮助她就是我的使命。说到底,这个电视采访有什么意义呢?

你必须把焦点从自己转移到别人身上,这就是阿加培,你参与到神的工作里了。"等一下,"你问自己,"我在这里是为了什么?我在这里是为了谁?"

耶稣说:"信我的人,就如经上所说:'他腹中要流出活水的江河来'"(《约翰福音》7:38)。这就是为什么我说知道自己已经被充满了很重要。因为这河是从你流出去的,所以如果自己想喝上一口是很难的。你没有那么长的舌头,够不着从你腹中流出的活水。这水是为了别人流的。你不需要喝它,因为你已经永远喝饱了;你不需要再吃,因为你因圣灵饱实了。你已被充满。

如果把自己视作累赘或者是一群又饥又渴的人,我们就会说:"我自己得先喝上几口,然后再给出去。"但我们正渐渐摆脱这个思维模式,不是吗?在分界线以上的属灵世界里,我们没有什么缺乏,因为耶稣已经应许:"我是你的满足,是你杯中的份。"

我们结的果子是给别人的。作为信徒,我们会结出各样的果子:柠檬、青柠、葡萄柚、苹果、橙子和柑橘。有的是香甜的苹果和橙子,人们会来把我们摘下;还有的是酸酸的柠檬和青柠,不时也有人说:"这个我要。"我们是哪种水果并不重要;我们的使命就是多结果子,让别人来采摘。不要为自己的恩赐或果子是什么而担忧,因为它不是为你,而是为别人准备的。人们会在你里面看到神某个特别方面的彰显,于是前来将其摘走。

生命中重要的不再是担心:"我的果子是什么?我的恩赐是什么?我的才干是什么?"你只需说:"神啊,我是你的。"一旦明白了自己不过是祂的器皿,你就能找到安息。"神,我是你完美的表达。我看上去也许像个柠檬,但有人就喜欢柠檬。"他们会看到你的生命然后来摘你的果子,说:"把你的柠檬给我。把你的橘子给我。把你的苹果给我。把你的果子给我。"

你将把人吸引到那在你里面的生命面前。当我仅知道耶稣为我而死时,为把这个消息告诉别人,我得挨家挨户敲门传讲。而当我知道基督住在我里面,我是世上的光、地上的盐、是祂的爱在地上的彰显时,我可以相信那些看到我里面这些特质的人就会来到我的面前,也会来到你的面前。我们会把光带给他们。

神会冲破你理性的阻隔,对你的灵说:"这就是你真实的身份。你对我来说并不是一个累赘,而是一份资产。但那不是你,而是我。我选择通过由你而活,来触碰你的世界。"

怀疑或害怕你的人性的那些理由都不复存在了,你可以接受它,因为你知道在你里面活着的是谁。祂向你启示了生命的意义到底是什么。祂信任你的忠心,让你成为祂的产业。

神喜悦通过我们的本相来爱人。保罗写信给以弗所人说:"我们原是祂的工作,在基督耶稣里造成的,为要叫我们行善,就是神所预备叫我们行的"(2:10)。你现在是祂的工作吗?是的。无论你此刻处于属灵成长的哪个阶段,在你里面的神都可以通过你触碰他人。

明年你将会在另一个属灵的阶段,那时祂也要使用你。但祂在此时此刻就能用你。无论我们和祂同行的境况如何,祂每天都能使用我们。因为如果我们再深入哪怕一步的话,有人就无法摘下我们了——他们刚好能以我们现在的状态摘下我们。神会把这样的人带给你,而当祂这样做时,真的奇妙非常。

你可能觉得自己没有任何答案可以给人,但人们会在你里面找到神的灵,从而得到神的答案。我曾经听过妻子辅导别人,她会给他们讲很多我的教导,但顺序却不对。这让我很揪心。我对她说:"那个部分不应该放在这里讲。"但神的灵却会使用它。从人的角度看,这些内容完全互不相关,但它却能服侍到人。他们会听到神想让他们听到的信息,她就是神完美的器皿。

不管我们外表看上去怎样,我们此刻就是祂的工作。我们所做的一切,无论是工作还是娱乐,都是祂借我们说话的好机会。如保罗所说,我们是基督的使者,神通过我们来陈明祂的意思。祂只是在使用我们的口,责任并不在我们身上,因为是祂在借着我们说话。那声音听起来是我们的,但说话的却是祂。

有些人是面对神国度以外之人的使者,他们要告诉人们关于神国的事情。有人是面对神国度内部的使者,他们的工作是作鼓舞者,向视野被暂时阻拦或模糊的兄弟姊妹说出那看不见的永恒国度的真理。我的妻子就非常擅长说鼓励、造就的话。

神差派你去作使者的世界就是那个你个人的小世界。不要担心那些你去不到的地方,祂已经把你放在了属于你的位置上了,那里就是你的世界。就算是在你所住的城镇里,那些你所接触的人和环境就是你的世界。如果神想要你到别的地方,祂会把你带去的。如果祂想要你对其他事物感兴趣,祂有办法让你产生兴趣。现在你可以问问自己:"神让我对什么产生了兴趣?"答案很有可能就是你正在做的事情。"神想要我去认识谁呢?"那些人可能你已经认识了。这就是你的世界,安心在其中做工吧。不是你在做,而是神在做。

那就是"神的会心微笑"。它看上去像你,但其实是神在通过你工作。让我再给你讲讲在皮提诺教练被采访前给我打电话的那位女士的故事吧。她告诉我说:"车祸发生时,我看见两个女人把车停到路边,站在一起,彼此依偎。她们走过来对我说:'我们想为你们祷告。'"

当时她还不知道自己的丈夫即将死去。后来,她们给她寄来一盒录音带,说:"当时我们的车跟在你们后面,神告诉我们要停车为你丈夫祷告。"他从未在口里承认过基督,至少他妻子没有听到过。"当你看见我们时,我们已经为你丈夫祷告过了,把他交到神的手中。"这位女士对我说:"我选择相信这个祷告。"

这是她坚持下来的动力。最后她的丈夫离开了,但神感动别人在车祸发生时把车停在了路边,不是为她,也不是为她们自己,而是为她的丈夫祷告。这不是很奇妙吗?多么伟大的一位神啊。活在你我里面的就是这位神。当我们走出去时,祂让我们遇见的那些人对这样的爱没有抗拒的能力。

在我们里面的那位神只关心别人的利益。亲爱的弟兄姊妹,我们要明白这一点:在你里面的基督对你的利益不感兴趣。这很难消化。在使用你时,你里面的基督只在乎别人的利益。

这就是为什么在今生需要有死亡——我们每一天都要死的原因。不是说我们每天早上起来就要琢磨怎样结束自己的生命,而是说我们每一天都要意识到自己已经死了。我们已经对那些纠缠我们、让我们偏行己路的情感和思想死了。我们活着是为了让我们里面的基督为他人谋求益处。这里说的他人就是神今天放在你我生命中的那个人。他并不是某个我们无法确定的陌生人;祂今天就在你我生命中安排了一个实实在在的人。我在这里讲的是一种从灵里而非从魂里活出的、以安息为特质的生命和爱。如果我们还没有学会这一点,祂就会不断地让我们经历相应的环境,直到我们切实领悟为止。并且祂已经从你那里得到了这样做的许可——你曾向神许愿,要成为祂的使者、作祂的器皿。《希伯来书》说一个真正的父亲会责罚、纠正自己的孩子,他想要孩子得到最好的,希望他健康成长、长大成人、找到自己的位置、成为他父亲生命的延续。

神会让我们经历各种无法理解的事情,而我们则会从魂的层面——用感觉和想法对其进行判断。然后祂又给我们更多这样的经历。最后,神会带领我们进入一个停止所有以自我为出发点的活动的地步。我们会知道自己正在内在生命里经历着祂,然而就好像以利亚一样,祂在我们里面是安静的。

那就是真正的认识。在这个认识中我们意识到：神总是在为他人的利益着想。当你开始用这个准则来评判自己生命中的一切时，你就安全了。很多时候这将与你的感觉和想法产生冲突，但你要对自己的感觉和想法死去，好让祂的生命流淌出来，让祂的生命得以彰显。

我们将看到天父的生命通过我们活出来，就如同当年祂通过耶稣而活一样。天父曾通过他的独生子来运作；今天我们也要看到圣父和圣子的生命藉由圣灵通过我们而运作。"因为祂如何，我们在这世上也如何"（《约翰一书》4:17）。这不是我们应该成为的样子，而是我们本来就有的生命。我们是那浇灌出的生命的彰显者，但我们不是它的源头，而仅仅是它的彰显者而已。这就是保罗渴望与之联合的基督的苦难（《腓立比书》3:10）。

有时你会被呼召进入一个自己可以被牺牲、丢弃的境况，就像耶稣曾经经历的一样。若是这样，尽管你曾多次拯救别人，但你却救不了自己。这本是基督的苦难的一部分：作神国度中一件可以被牺牲的物品，就像神自己的儿子一样。

在我们的世代，和圣灵的相交常常被描绘为我们被高举，而非我们被牺牲的景况。但耶稣脱下了祂的外衣，拿来毛巾和水给祂的门徒洗脚。做这事的那位乃是神的儿子。我必须提醒自己，活在我里面的就是这位耶稣。为人洗脚看上去并不那么惊天动地，那么能改变人心。但这位全能的神之所以追求你、赢得你、选召你，不仅是为了爱你，更是要通过你而爱人。这真理是我们不能小觑的。神是一个通过你而爱的爱人。祂为爱而爱，不需要嘉奖、赞扬、喝彩。

整个世界都在哭喊，但却不知道为什么。它在呼求一位代祷者——一位可以背负耶稣的苦难、愿意替祂成为黑暗中的光明、承受挫败、成为被祭奠之羔羊的人。有一天别人会来到天父面前说："感谢您差派了玛丽、比尔或乔。通过他们我看到了你的样子。"事情就该这样。神已将祂神圣的生命放进了你的人性里。我们是共同做神儿子的一群人。

我知道大多数人会把代祷和祷告联系在一起，这样做并没有错。但我指的"代祷"是以赛亚在预言耶稣时所使用的含义：

祂将命倾倒，以至于死。祂也被列在罪犯之中。祂却担当多人的罪，又为罪犯代求。（《以赛亚书》53:12）

祂是如何代求的？用祂的生命。祂舍弃了自己的性命。属灵的父老无法不将自己的生命倾倒出去，而属灵的小孩子和少年人则会想要逃跑，在这个逃跑的过程中展现出神的能力和拯救。但属灵的父亲们则愿意在被牺牲和舍弃的过程中展现出神的生命，这些认识那起初原有者的父老们，进而成为神基要品性的表达。神的品性就是阿加培——发自意志服侍他人的行动——它让我们愿意被牺牲和舍弃。

"我实实在在地告诉你们：一粒麦子不落在地里死了，仍旧是一粒；若是死了，就结出许多子粒来。"（《约翰福音》12:24）

我们的目标不是要拯救自己，而是要让那生命的活水在别人里面结出果子来。那些救自己魂之生命的人终将失掉生命，而那些丧掉魂之生命的人必将得到生命。我们是失掉了自己生命、可以被牺牲、要成为奉献者的一群人。神已经满足了我们所有的需要。祂带领我们走上这条让我们更深认识自己的天路，好把我们浇奠在他人的生命中。

作代祷者是有代价的。保罗用以描述使徒的那番话在这里也同样适用：

我想神把我们使徒明明列在末后，好像定死罪的囚犯；因为我们成了一台戏，给世人和天使观看。我们为基督的缘故算是愚拙的……我们软弱……我们倒被藐视。直到如今，我们还是又饥、又

渴、又赤身露体、又挨打、又没有一定的住处……人还把我们看作世界上的污秽，万物中的渣滓。（《哥林多前书》4:9-13）

我对别人说："加入这支军队时需要谨慎。之前最好把这段经文多读几遍。"当然，如果我们有的只是这些经文，那真没有什么可以憧憬的。但是当神把一个代祷的使命交给你时，其中有的是喜乐。曾经我们说："我要被祝福。"但现在我们说："当我看到你被祝福时我就得到了祝福。"

那就是我们的喜乐。我们忍受死亡，让他人得到生命，我们的喜乐就在其中。

很多年来我一直用一个想象出来的例子解释这一点。我们知道尽管摩西将犹太人救出了埃及，但他并没有被允许进入应许之地。他把以色列子民带到了约旦河岸，自己却不能过去。作为一个传道人，我将这事属灵化了：那时的情景就好像犹太民族踩着摩西的尸体渡过了约旦河，因为他已为他们舍下了自己的生命。每当一个犹太人的脚踏上约旦河西岸时，你都能听到摩西说："哈利路亚！我不能去，但我就是他们行走的那条路。"

你听不到耶稣的声音吗？祂在天上为每一个得救的人呐喊。百万人得救，祂就为百万个人舍下了生命。你我也是如此。我们的喜乐不是能够踏上应许之地，而听到别人说："我知道我是谁。" "我认识基督。"或"我得胜了。"我们凭着信心相信的事就在眼前显现出来了，为此我们要为天父在他人生命中的荣耀工作而赞美祂。

那就是我们要做的，因为我们在父老的层面上认识祂：我们认识那位从起初原有的。我们知道祂的旨意和计划就是通过祂的独生子得到许多儿女，用爱去照料祂的世界，愿意被牺牲，愿意为他人浇奠自己。

在结束这个话题前，我们理当回头看看这爱的发源点。约翰告诉我们："我们爱，因为神先爱我们"（《约翰一书》4:19）。十七世纪的法国神秘主义者盖恩夫人说，如果你真的想爱这个世界，就把注意力集中在你有多么被爱上吧。所以你要把注意力放在神有多么爱你上。

爱 神

多年前，女儿经历了一段属灵的低谷。我和她交谈，等待着主要通过我告诉她的话。之后主很清楚地让我了解到祂使用我们生命中这些季节的目的，它与爱神密不可分。

为了帮助你理解我接下来要说的话，请容我向你介绍不在外面讲道时，我在家里的休息生活。我知道你可能将其视作一种普遍"应该"的做法，但它不是。你很有可能已经尝试过某些"应该"的做法了，但它们都行不通。

芭芭拉和我当时住在南卡罗莱纳州，那里天气炎热。所以早上起床后，在天还凉爽时，我会先去干那些会出汗的活儿（因为我相信汗流浃背不是什么光彩的事）。我们一直在修整后院，在别人的帮助下，成功地把那里一片杂乱的丛林变成了一块可以见人的草坪。

每天我都会拿起扫帚把该扫的地方扫打干净。院子里总有从树上落下的枝叶——在一小块水泥地上每天24小时之内就能积攒那么多垃圾，实在令人惊讶。然后我会用耙子耙平草坪里的碎石路，蹲下来把路上所有杂草都拔掉。等后院打扫干净了，我就会坐下来喝上一杯西柚汁，悠然地读读报纸。接着我就会出去散步，路线不同距离也不一样，一般在三到五英里之间。

芭芭拉的工作在上午十点开始，所以在她准备出门的时候，我会做每天的填字游戏。到九点半我就会坐在自己最喜欢的椅子上玩填字游戏。在填字游戏完成之前，我暂不会有任何想要研读属灵书籍的想法。很长时间以来我都为此而纠结，仿佛如果先做属灵的事再填字我就更属灵了。但我满心想着的都是填字游戏，所以我就先把它做了。

等芭芭拉准备好上班，我也填完字了。该做的事都做完了，现在，我可以随意支配这天剩下的时间了。所以我会坐在自己的爱椅上，把椅背往后一放，我就置身天堂了。纸、笔、不同版本的圣经和属灵书籍都摆在我的身旁。我的一旁是个小书柜，身后还有一个书柜，里面装着所有我最爱的书籍。此刻我就踏入了自己的小天地里。

有时我会把手往后一伸，随意抓一本书出来。今天主想让我读什么呢？是盖恩夫人、阿维拉的特蕾莎还是章伯斯？这些是进深的生命书籍。

我已经知道神想让我读哪几本书了，但有时祂也会给我一个惊喜。今天我想先干什么呢？我要读圣经，或者我想要读章伯斯的著作。我唯一的打扰就是芭芭拉中午回来吃饭，所以在12点15分左右，我要把午饭准备好。等她离开了，我就会去看看有没有其他木兰叶子落在后院。然后我又回到椅子上，在那儿从一点待到五点。读很多书，想很多事，相信主也对我说话了。

通过这个小例子想要说明的是如何单单地去爱神，一个人单独和神亲近。这和神向我显现的关于女儿的事是有联系的。她向我倾诉了自己与主同行的过程中暂遇的痛苦，尤其是神似乎从来不听她说话,这让她十分难受。神似乎从来不在乎,也不应答她。你有过这样的经历吗?我没有立刻得到要对她说的话,但是第二天,我说:"亲爱的,你觉得我们是不是应该用神爱我们的方式去爱祂呢?"保罗写信给罗马人说:

因我们还软弱的时候,基督就按所定的日期为罪人死。为义人死,是少有的;为仁人死,或者有敢作的;惟有基督在我们还作罪人的时候为我们死,神的爱就在此向我们显明了。(5:6-8)

在我们任何人对神表达任何爱意之前,我们就已经被祂爱了。那时神就爱着我们,但祂并没有得到任何回报。自人类犯罪堕落之日起,祂就没有从我们这里得到过任何回应了。祂不图回报地爱着我们,只是一味地去爱。

在神的爱里没有任何回报的体系。祂爱因为祂就是爱,而非祂能从中得到些什么。然而一直以来,在基督教信仰中,在我们所教导的爱里,依然有太多回报体系在里面。不过,这不足为奇。因为肉身的爱里就有一个回报的系统。我们去爱,是因为爱了就有回报。

在属灵的天路历程中,我们希望神可以抚慰我们、祝福我们、给我们好处、嘉奖我们。在信仰上还作小孩子的时候,我们非常希望有一个回报的体系存在。即便是已在基督教信仰道路上前行了一段时间以后,我们还是依然会偏好这样的系统。当你我陷在一个暂时的困境中时,肉体会想要一个回报的体系,但神只是爱。就算整个历史长河中没有一个人回应祂的爱,祂也依然会爱。因为祂的本性就是爱,而祂无法违背自己的本性。

那个周末当我给女儿讲完这段话后,我对她说:"你知道《罗马书》5章5节讲的内容吗?它说神的爱已经浇灌在我们心里。《约翰一书》2章12至14节又说我们现在已经认识了天父。你是否想过,你和他人经历到的这种好像得不到神抚慰的痛苦,就是一个让祂在你心中倾注的爱流淌出来的过程呢?这样你就能用祂那样的爱去爱祂,用祂自己的爱来回应祂。"

如果神给我们祝福、拯救我们的孩子、赐给我们一个温馨的家庭或者保守我们的财物安全,我们就会想要去爱祂。我们愿意爱祂,但我们觉得作为回报,祂也必须为我们做些什么。

但是,对你我而言还有更深的一个层面,一个内在的认识:我们要因为祂是神而爱祂,以祂爱我们的方式去爱祂。祂不用学习去爱,因为祂会情不自禁地爱。所以我们也会情不自禁地爱祂。

有一节经文很好地阐释了我的意思。耶稣对多马说:"你因看见了我才信,那没有看见就信的有福了"(《约翰福音》20:29)。这就是我想说的。神给我们的所有抚慰从某种角度来说都是眼见和感受上的经历,那是神在工作的证明:救我们脱离艰险,拿走我们的抑郁,等等。

但如果神在我们生命中的工作是要带领我们进入更深爱祂的经历中,那么一些曾让我们深感满足的事物就必须离开了。如果旧体系还在里面,那新的体系就不可能出现。只要旧体系还在使我们受益,我们就不能做好前进的准备。谁想放下好东西呢?谁想放弃那些依然有效用的体系呢?

所以神在你生命里终止了一个章节。你问道:"这是怎么回事?"神说:"这是为了开启你生命的新篇章。"然后神又叫停了那个新的篇章,为的是要开启下一个篇章。如果神已经把祂的爱倾注在你里面,而祂要你以这样的爱来爱祂,那么通过你回应给祂的爱就不会有任何条件。神必须忠于自己,祂住在我们里面,所以我们用以回应祂的爱也必须符合神的品性,那就是无条件的爱。

从此,一片全新的天地展现在我们眼前。我们大多数人都对爱神所知无几。如果真有一个深化我们爱神经历的办法,那会怎样?如果我们尝试了已知的所有耗费精力的方法,却还没有发现探索和认识神的全新途径,那又如何?

有人选择远避尘世,去到修道院里专心寻求神。在我们这个尊崇繁忙不休的西方文明看来,这可能是最浪费时间的一种做法。当我和友人聊到这个话题时,突然一个想法进入我的脑海。我说:"你看,祷告、默想、爱神,这是他们的工作。假如世界各地许许多多我们根本不认识的人所付出的爱、灵修和祷告——看上去这些人像是在逃避责任——其实是在阻止神的烈怒倾倒在这个世界上,会是怎样?那可就是件无比高尚的工作了,不是吗?"

我想我们很难相信也许神的主要目标就是要我们爱祂,我们以为神的主要目标是要我们拯救世界。对一个忙碌的人而言,单单地爱神似乎是在浪费时间。然而当我们去读那些对我们意义重大的诗篇时,会发现它们大部分都是诗人在表达自己对神的爱慕和崇敬。我们在探讨认识神,但还有什么比不求任何回报地爱神更能让我们认识祂呢?

引用《约翰一书》的原话,这就是在爱神的过程中作父老的阶段。在小孩子和少年人的阶段,我们关注自己和自己做了什么。但在父老的阶段,焦点就到了祂的身上:"你们认识那从起初原有的。"我们的关注点从我们自己转移到了天父那里。我们将会发现,在这样深的层面经历神的爱,能够让灵与魂得到最深的满足。耶稣说:"认识你独一的真神,并且认识你所差来的耶稣基督,这就是永生"(《约翰福音》17:3)。

真正认识神,不止是知道所有那些关于祂的事。真正认识某人、爱某人是无法描述的。我不会告诉妻子我为什么爱她。我只是说:"我爱你。"我不是出于某种原因而爱她,我就是爱她。

爱本身就是目的。爱和被爱,这就是神国的本质。

爱和被爱。

进入神的安息

我们的社会是地球上生活节奏最快的两个社会之一（有人说日本的情况比美国更糟）。大多数人在早上匆匆冲出家门，加入交通早高峰，在杂乱忙碌、压力重重的工作中忍耐一天，然后又回到交通高峰，在回家路上随便吃上几口饭，或者如果已经有了孩子，我们就得赶回家做晚饭，辅导孩子完成作业，把他们哄到床上睡觉，然后就可以有15分钟的"优质"时间留给自己或配偶，最后筋疲力尽地倒头睡觉。

来自欧洲的朋友习惯了较短的工作时长、一年最少有四周的假期、周日全部闭门休业的商店。在登陆美国后，他们往往会对如此高速的生活节奏惊诧不已。"美国人什么时候停下来享受生活呢？"他们问。

在疯狂的生活方式之外，大多数信徒都感觉到些许内疚，因为我们还没能使自己的生活变得井井有条。似乎我们永远没有办法拥有足够好的灵修时间，参加足够多的圣经学习，祷告不够，见证不够，也没有足够地减少我们的坏想法或感觉，让神可以喜悦。所以从下周起，我们要加倍努力了。

而《希伯来书》的作者说：

这样看来，必另有一安息日的安息，为神的子民存留。(4:9)

单单读一读这句话就能让你的灵魂放慢脚步，安静下来。不是吗？对神的子民而言，还有一个安息，是祂为我们提供的安息——那并不是将来某时的甜美，而是一个此时此刻的真实。

《希伯来书》的作者用犹太人进迦南地的例子来解释了神的安息。神在应许之地为犹太人预备了安息，但是第一次他们没有进去。后来，约书亚带着百姓成功踏入了应许之地，品尝到了神的安息的滋味。但这只是那真事的影儿，是神给我们的一个释例，因为只有在基督里才有真正的安息。

我们既蒙留有进入祂安息的应许，就当畏惧，免得我们中间或有人似乎是赶不上了……若是约书亚已叫他们享了安息，后来神就不再提别的日子了。这样看来，必另有一安息日的安息，为神的子民存留。(4:1、8-9)

我们很容易从最后一句话推测出，《希伯来书》的写作对象并没有找到神的安息。如果说它仍被存留着，那就意味着人还没有找到它。我们大多数人依然在寻找安息，里面缺乏安息说明我们还没有进入祂的安息里。

很多年来，我也是个一直在寻找安息的人。长久以来，我以为安息是一种被动的存在。我想要跑到一个退修处，找人照顾饮食起居，以便从平日的日程中抽身，调整到一种中性的状态里。我曾将这称为安息，但它并不是那真正的安息。

那时，我对安息的理解是外在的，因为我内在的认识程度还不够深刻。我的内在认识里只有自己,并没有任何比这更深的属灵认识。而正因为那是我最深的认识,所以我必须让自己看上去可以被接受,否则我就无法安息。于是我试着止住魂里的波动,但神从未要求我们这样去做。一切都基于我的工作,我的努力。在那样的状态下我不可能获得安息,因为我的所作所为和神对我生命的计划并不一致。如果我们总在不停地试图阻止一个神放在我们里面的活动,那么我们怎么可能明白安息为何物呢?

但进入祂的安息乃是我们的命定。《希伯来书》的作者说:"所以,我们务必竭力进入那安息"(4:11)。我们本来就该进入这安息中。而且他还告诉了我们进入神的安息的关键所在:"因为那进入安息的,乃是歇了自己的工,正如神歇了祂的工一样"(4:10)。

进入神的安息的关键并不是停止所有的活动,而是停止那些源自于我们的劳苦,停止自己的工作,停止从自己发出的活动。如若不然,我们就还在神的安息之外。耶稣指教我们:

"凡劳苦担重担的人,可以到我这里来,我就使你们得安息。我心里柔和谦卑,你们当负我的轭,学我的样式,这样,你们心里就必得享安息。因为我的轭是容易的,我的担子是轻省的。"(《马太福音》11:28-30)

对我们而言,基督徒的生命一直都是一种挣扎,但它本不应该如此,而应该是一种安息。当学会像耶稣一样去生活时,我们就进入了这个安息里:让住在我们里面的那一位通过我们活出来。在那之前,我们会去试图复制一个对自己而言完全陌生的生命。然而在与神圣灵的亲密联合中,那个生命会自然自发地产生出来,从我们里面流淌出来的生命就是神的生命。祂的轭是容易而非困难的。祂的担子是轻省而非沉重的。在那里我们可以找到灵魂的安息。

我不是说在你的魂里、在你的思想和感觉里不再有任何波动,而是说在你内心的深处,你会处于一种安息的状态。你将拥有内在的平安,因为你将行出神邀请你与祂同行的生命。

我们怎样才能像神在第七天进入安息一样,歇下自己的工,获得祂的安息呢?和犹太人进入应许之地一样,我们需要的是信心。

这样看来,他们不能进入安息是因为不信的缘故了。我们既蒙留下有进入他安息的应许,就当畏惧,免得我们中间或有人似乎是赶不上了。因为有福音传给我们,像传给他们一样;只是所听见的道与他们无益,因为他们没有信心与所听见的道调和。但我们已经相信的人得以进入那安息......"(《希伯来书》3:19-4:3)

凭着信心,我们安息在神已经在我们里面那不可见、永恒的境域中为我们成就的工里。祂已经让我们成为祂圣洁、没有瑕疵、无可责备的儿女,祂在基督里让我们成为了神的义,我们的旧人已与基督同死,我们已与基督一同复活,从神的圣灵而生,是完全新造之人。在祂眼中我们是完美的,如今没有定罪了。祂已与我们的灵合而为一,通过我们将祂自己的生命彰显在世界上。祂喜悦我们,以我们为乐。祂爱我们,并要作为我们活出祂的生命。

可见、暂时的世界不会告诉我们这些,是神通过祂的话语和圣灵将这些事向我们的灵启示出来。这就是为什么在"进入神的安息"的劝勉中,最后我们看到的是那著名的《希伯来书》4章12节:

神的道是活泼的,是有功效的,比一切两刃的剑更快,甚至魂与灵、骨节与骨髓,都能刺入、剖开,连心中的思念和主意都能辨明。

这节经文常常被单独引用,但它的背景是关于如何进入神的安息教导。我想说的是:如果我们活在基于魂的表象和感觉中,而不是神属灵的真实里,那么我们就不能进入神的安息。我们要安息在神在那不可见、永恒的境地已经为我们成就的工里。

那么我们如何竭力进入祂的安息呢？

停止自己的努力，说："主啊，我渴望进入你的安息里。你的话语告诉我，我已经在你的安息里了。我要相信你的话语。我在你里面，你也在我里面。"然后，接受这个事实。这点你可以做到，对吗？在这件事上，你不需要汗流浃背、筋疲力尽。

我们不再被"必须做什么样的事"或"必须成为什么样的人"所驱使。因为如果是这样，我们就没有使用神的标准。神宣告我们在祂的眼中是圣洁、无可指摘、全然美丽的，所以我们不用再奋力讨好谁，只需做自己。那就是福音：我们已经是了。你已经是了。

把你的眼睛——你属灵的眼睛，转向里面。但不要停止审视你的魂——那些也许打你记事起就一直在主宰、控制你生命的感觉和思想——要安息在神放在人里面的属灵中心里，那是神与祂的造物的相遇之地。

因为你信了耶稣基督，你人的灵总是想要绽放并结出生命。神可能一直在等待这个时刻，来点亮你那作为接受者的灵，并开始用祂的安息来平静你的魂。祂说："我用重价买赎了你，并与你已合而为一。我将我的圣灵放在你的灵里，我要通过你活出我的生命。"

当你进入这个境地时，你会长舒一口气，说："我回家了。我回家了。我回到了为祂自己创造了我的那一位的身边，回到了我最初被造时真实、初始、真正的目的中，回到了我真正的属灵父亲身边。在此之前人类被绑架，弄瞎了双眼。那掳掠我们的声称，最终的真实就是那些可见、暂时的事物。如果我看不见、尝不着、摸不着、闻不到或者处理不了，那就不是真的。但我的天父告诉我，我可以看见、尝到、触摸、闻到或者处理的并不是最终的属灵真实，而是被造之物。它有保质期，过后就会消失。只有那不可见和永恒的才是最终极的真实。"

原来我们不是顾念所见的，乃是顾念所不见的。因为所见的是暂时的，所不见的是永远的。(《哥林多后书》4:18)

章伯斯写到："你只管向内进深，神会确保有生命活水从你流出。"在很长一段时间里我却把这顺序颠倒了。你不也是吗？我以为自己必须确保生命活水的涌流，只有这样才能确定自己与神的关系可以被接受。但事实是，只要把心放在里面的国度上，就会有活水的江河从你流出。

对已重生之人，保罗写到："我小子啊，我为你们再受生产之苦，直等到基督成形在你们心里"(《加拉太书》4:19)。耶稣已经住在他们里面，他们已经有了圣灵，但保罗还希望他们可以完全地经历到基督在他们心里成形。

我们走上的是一条向内进深而不是向外远行的旅程。耶稣说神的国在你里面(《路加福音》17:21)，保罗说你的身体是圣灵的殿(《哥林多前书》6:19)，耶稣应许祂和天父会住在你里面(《约翰福音》14:23)。当你还在地上的时候，你的灵就是神的居所，你的灵需要被培育。往里走！往里走！往里走！神带你往里面走得越深，人们就越多地能在你里面看到祂。

我们都已是原本应该成为的样子：和生命之源合而为一。我们要学会住在里面的至圣所里。那里是我们与祂相通的地方，是祂的居所，除了我们那里就只有祂了。当我们经历到真正的联合时，就会进入对那充满万者、生命之源的认识中，而认识祂就是永生。

科学家告诉我们宇宙的宽度至少有九百亿光年，而且还在膨胀。我相信在我们里面的神，就如同茫茫宇宙以及我们尚未发现的外在世界一样广袤。我们踏上了一个需要穷尽一生——不，将会耗费永恒之久的朝圣之旅，为要去发现神，认识神，认识祂的品性、祂的爱和祂的道路。

在这条天路上，我们会逐渐地摒弃外物。它们会因为不再适用这个旅程而被一件一件地散落在我们身后。这些东西都被冠以了"我的"这个前缀:我的妻子、我的丈夫、我的孩子、我的家、我的工作、我的朋友、我的教会。它们曾是我们身份的来源,但是如今我们已经有了一个全新的身份之源。最终,神会把许多我们在途中因为无用而不得不丢弃的事物还给我们。到了那时候,它们对我们而言就不再是生命了,因为基督才是我们的生命,除祂以外别无可以让我们满足之物。

那时我们就真得自由、真是神自由的子民了。无论是在富足或是缺乏之时我们都能安然处之。我们可以坐高位,也可以居人下。可以置身人群,也可以独善其身。和保罗一样,我们"无论在什么境况都可以知足,这是我们已经学了"(《腓立比书》4:11)。我们将和祂一同在生命中做王。

我曾在密歇根带领一个会议中心的员工办退修会,在最后一个早上我们领了圣餐。会议中心的带领人为我们擘饼、分杯,他讲到了耶稣说:"吃我的身体,喝我的血。"当我领那饼和酒时,圣灵仿佛在对我说:"看,丹,我能给你的全部就是我自己。这饼和酒就是代表。我能给你的全部就是我自己。"

那就是福音。它不是宗教,不是我们努力做事挣得神的肯定,而是神把祂自己给了我们,是"基督在你们心里成了荣耀的盼望"。那就是安息。在祂里面就等于置身在完美的联合中,在祂里面便是安息之地。

那不是别的,乃是一个内在的生命。如果追求的是外物,它们就会成为我们的偶像,我们会崇拜它们,从而错失了真正的生命。

有一个地方静谧安宁,但它不在这个世界上;有一个地方静谧安宁,但它不在你的感官里;有一个地方静谧安宁,但它不在你的魂中;有一个地方静谧安宁,它就在神里面。

在芭芭拉去世前的一个月,因为药物的作用她总是昏昏欲睡。一天,她从昏睡中醒来,好像若有所思。最后她转过身来,对着我说:"丹,今后每次讲道,你就要讲那不可见的。"

"为什么?"我问道。

"因为那才是真实的。"

那时的她应该是明白的,因为她很快要跨过去了。亲爱的弟兄姊妹,那才是真实的。那才是真实的。

作者简介

丹•斯通毕业于美南浸信会神学院,之后十六年一直从事牧会侍奉。他曾在乔治城学院和桑福德大学担任行政管理工作,后在全美各地分享"基督在你们里面"的信息逾二十年。他为"合一生命事工(Union Life Ministries)"写作了《福音的奥秘》(The Mystery of the Gospel)一书,此外还完成了众多文章和册子。2005年他行完地上的旅程,安息于主怀。

大卫•格里高利是多本书籍的作者,包括纽约时报畅销书《与一位完美陌生人共进晚餐》(Dinner with a Perfect Stranger)和克里斯蒂奖入围图书《最后一个基督徒》(The Last Christian)。他在达拉斯神学院和北德克萨斯大学取得硕士学位,现在是一名全职作家,定居于美国太平洋西北岸。

www.BrentsBrothersMedia.com

BrentsBrothersMedia@gmail.com

有关发行商

欲了解更多信息:

www.BrentsBrothersMedia.com

BrentsBrothersMedia@gmail.com

www.ingramcontent.com/pod-product-compliance
Lightning Source LLC
Chambersburg PA
CBHW071858020426
42331CB00010B/2574